誰も教えてくれなかった お寺のしくみ

井上暉堂

牧野出版

まえがき

今日、とくに法事・仏事、葬儀といった人間の死とかかわる分野では、仏教界のたくみな誘導もあって、人々には、見事なまでに他人任せの行動パターンが染み付いてしまっています。

多くの人は、葬儀の成り行きについては知っていても、その根本理念というか、基本的な考え方についてまったくの無知です。それゆえ、葬儀の際、すべて葬儀屋のいうがまま、お寺のなすがままとなり、一切が終わってから、目の玉が飛び出るような金額の請求書に、驚きあわて、悲憤慷慨するわけです。本来、伝統的に見られる仏教の有様とこのような葬儀や法事とは、無関係です。形式さえ整えばそれでよしとする風潮が強いような気がしてなりませんし、その形式を整える際の必須条件が、お寺のお坊さんを呼び、読経してもらうことだと理解している人が多いのには驚きます。

気がついた時には、法事・仏事、葬儀はお坊さんの専売特許となり、施主側がその内容について検討することのないまま、ただ一方的にお金を吸い取られるだけのシステムになっていたのです。そして時代は進み、いまや葬儀の運営やお墓の管理は、葬儀社や石材店が担い、お坊さんは何の決定権を与えられることもなく、その利益構造に組み込まれてしまいました。大手スーパーが全国の葬儀業者と提携し、プランを紹介するといった商品が登場したり、お布施の目安を公表したりする事態にもなっています。

修行を積み、法理を究め尽くすことが本来のお坊さんの使命であるにもかかわらず、日々、檀家制度にあぐらをかき、法事・仏事、葬儀をセットにした集金システムに安住を求めているうちに、人々のお寺離れは進んでしまったのです。

近年、新たな動きが出てきました。故人を偲んだり、先祖に対する感謝の気持ちを示すのに、仏壇や位牌、あるいは墓石といった舞台装置は、必ずしも必須のものではなくなり始めているのです。何の反省もなしにそうしたことをメシのタネにしてきたお寺、宗教界の罪はかなり重いといわざるを得ません。坊主丸儲けとはいっても、富めるお坊さんは一握りです。不況が続くなか、お布施収入すら不安定な大多数の貧しいお坊さんとの間に経済格差が生じてきているといっても過言ではありません。葬式仏教は、とっくに成長の限界にきています。また、お坊さんが本来の仏教の原点に立ち返り、悩める人々に手を差し伸べようとしたところで、固定化された現在の枠組みを打破しない限りは、現実に生起する様々な問題・事象の変化には即応できないでしょう。

本来、お坊さんが人や社会と関わる大きなポイントは、「生、老、病、死」です。ここに働きかけない仏教は、仏教ではありません。

お釈迦様はかつて、「この世に常なるものはひとつもない」と説いていますが、お坊さんたちは修行のなかで、そのことをきちんと学んだはずです。それになぞらえていえば、仏教ビジネス（お寺のしくみ）も、また常なるものではないのです。

私たち日本人は、宗教や信仰について、自らの生活とのかかわりにおいて、今一度、考え直す時にきているのではないでしょうか。

本書では、まずお寺やお坊さんに親近感を持っていただきたいと思い、お寺に関する様々な事柄を広く取り上げました。特に、お寺を経営の観点から取り上げた内容などは、他ではほとんど見かけないものだと自負しております。ただ、読者諸氏には心の根底に「お寺とは本来何なのか」ということをお持ちいただきつつ、本書をお読みいただければと切に願っております。

井上暉堂

誰も教えてくれなかったお寺のしくみ　もくじ

第3章 日本の仏教早わかり

第4章 葬儀・お墓のはなし

第5章　お坊さんにまつわる素朴な疑問

第6章　お寺をめぐるお金、法律、税金

第7章　お寺の運営は楽なのか大変なのか

第8章 お寺にまつわる雑学あれこれ

装　丁　大森裕二
カバー写真　淺岡敬史
本文ＤＴＰ　小田純子

誰も教えてくれなかった
お寺のしくみ

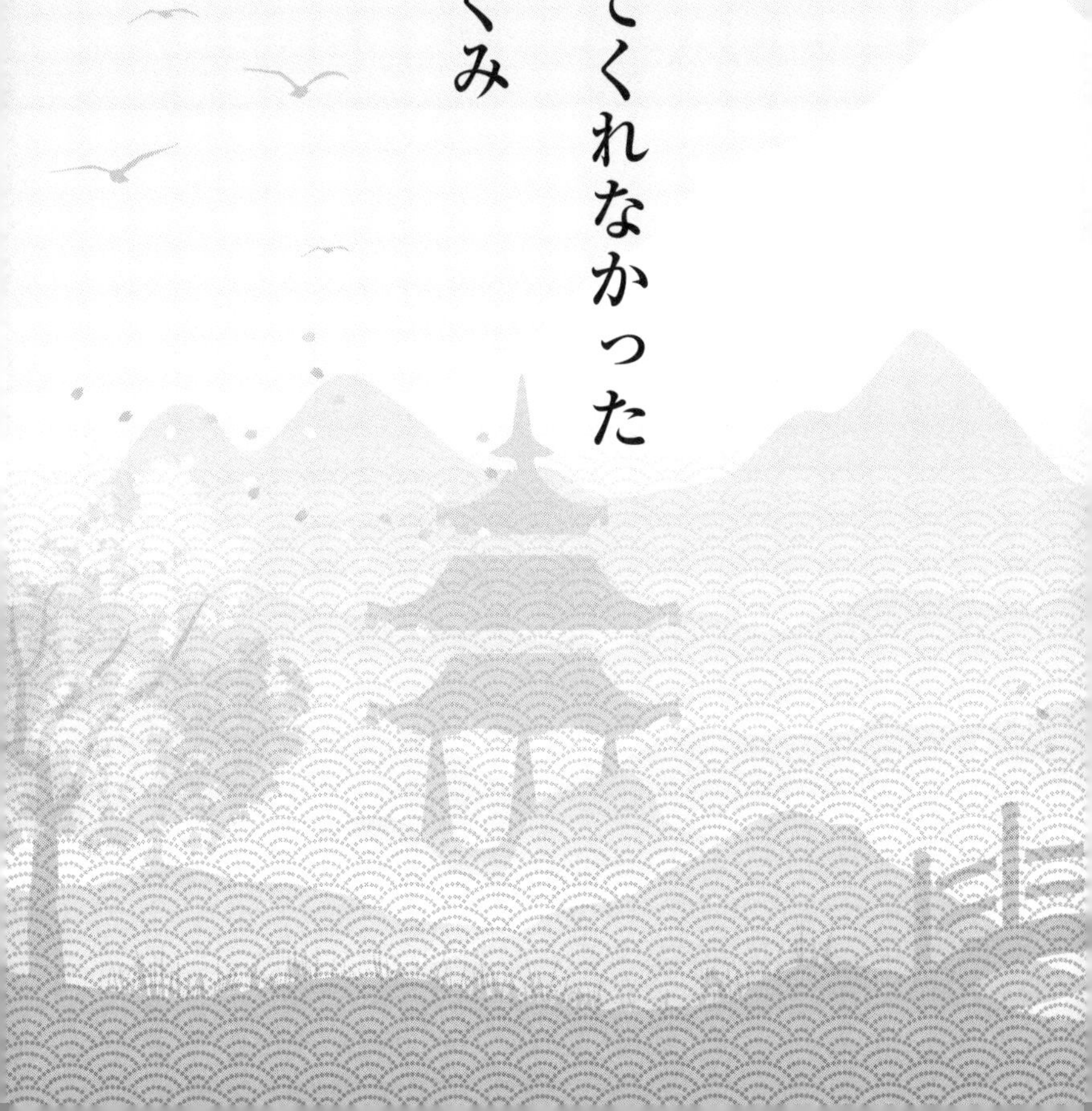

第1章　お寺とお坊さんに関する基礎知識

1 お寺のはじまり

そもそもお寺とはどういうものとして生まれ、どのように広まったのでしょうか。まずはそこからみていきましょう。

卍お寺は仏教の僧の居場所

お寺の成り立ちを語るには、仏教の初期の歴史について触れる必要があります。

基本的に「出家」をした者は、その名の通り、家を持たずに野宿するのが基本です。しかし、仏教発祥の地、インドでは、雨期（雨安居《うあんご》）に外を歩いていると、虫などをうっかり踏みつけて殺してしまうことがあり、問題になっていました。

なので、雨期は、そのような無駄な殺生をしないために、外を出歩かずに、どこかで大人しく瞑想などをしていよう、ということになりました。その雨安居のための場所としてつくられたのが初期のお寺です。つまりもともとは、出家者は雨期の間だけ、お寺にいたわけです。

「寺」という言葉自体は、中国で生まれました。中国ではこの言葉は、そもそも役所（官舎）のことでした。

中国ではインドからお坊さんを招いたとき、役所に泊めたり、また、仏典の漢詩をつくる際に、役所をその作業場所にあてたりしていました。そうしたことから、お坊さんがいつもいる場所やお坊さんの住居を、一般に〝寺〟と呼ぶようになったのです。

卍聖徳太子が四天王寺を建立

日本におけるお寺の発達を考える上で無視できないものとして、平安時代の陰陽道《おんみょうどう》の文化があります。

平安時代に京都周辺でつくられたお寺というのは、貴族の別荘のようなものが多いのですが、これが陰陽道における方違《かたたが》え（外出時に凶となる方角を避けるため、前夜、他の方角で一泊してから目的地に行くこと）との関連で、重視されていました。

日本で初期にお寺を多数建てたのは、主として、飛鳥時代の六～七世紀に活動した蘇我一族です。現存する最古のお寺は大阪の四天王寺ですが、これを建てたのも、蘇我の血を引く、聖徳太子でした。

次にお寺を建てるのに熱心だったのは、壬申の乱以降、奈良時代までを支配した天武天皇系の天皇たちです。とくに持統天皇、聖武天皇などはお寺の造営に力を入れており、聖武天皇は全国に国分寺をつくらせました。

その後、足利尊氏が全国に安国寺を建てたのが有名です。

卍お寺には三種類ある

そのようにして全国に広まったお寺ですが、大きく分けると、お寺には、檀家寺、信者寺、観光寺の三種類があります。

まず、私たちの家の近くにあるお寺のほとんどが檀家寺です。

檀家とはお寺を支える日頃からお付き合いのある人で、檀家寺とは主に檀家の法事や葬儀などを中心に生計を立てているお寺です。

ビジネス風にいうと、クライアント（顧客）は長期契約者の檀家だということです。そして檀家寺にとって何より重要なのは、葬儀です。葬儀がすべての営業活動のスタートになるからです。このことを押さえておかないと、その後に営まれる四十九日、一回忌、三回忌、七回忌、十三回忌といった年忌法要をすべて取り逃してしまうことになります。

さらに葬儀は、遺族に対して、先祖供養の重要性を丁寧に説くチャンスでもあります。普段、接触の少ないお寺と檀家の関係において、葬儀は、檀家の跡継ぎの方と接触できる数少ない機会でもあるのです。この場で後継者をしっかりとお寺につなぎ止めておかないと、後々檀家離れを引き起こす種となります。

次に信者寺とは、基本的に誰でも境内に入ることができるお寺です。皆さんの身近にも

回 仏教が伝播した経路

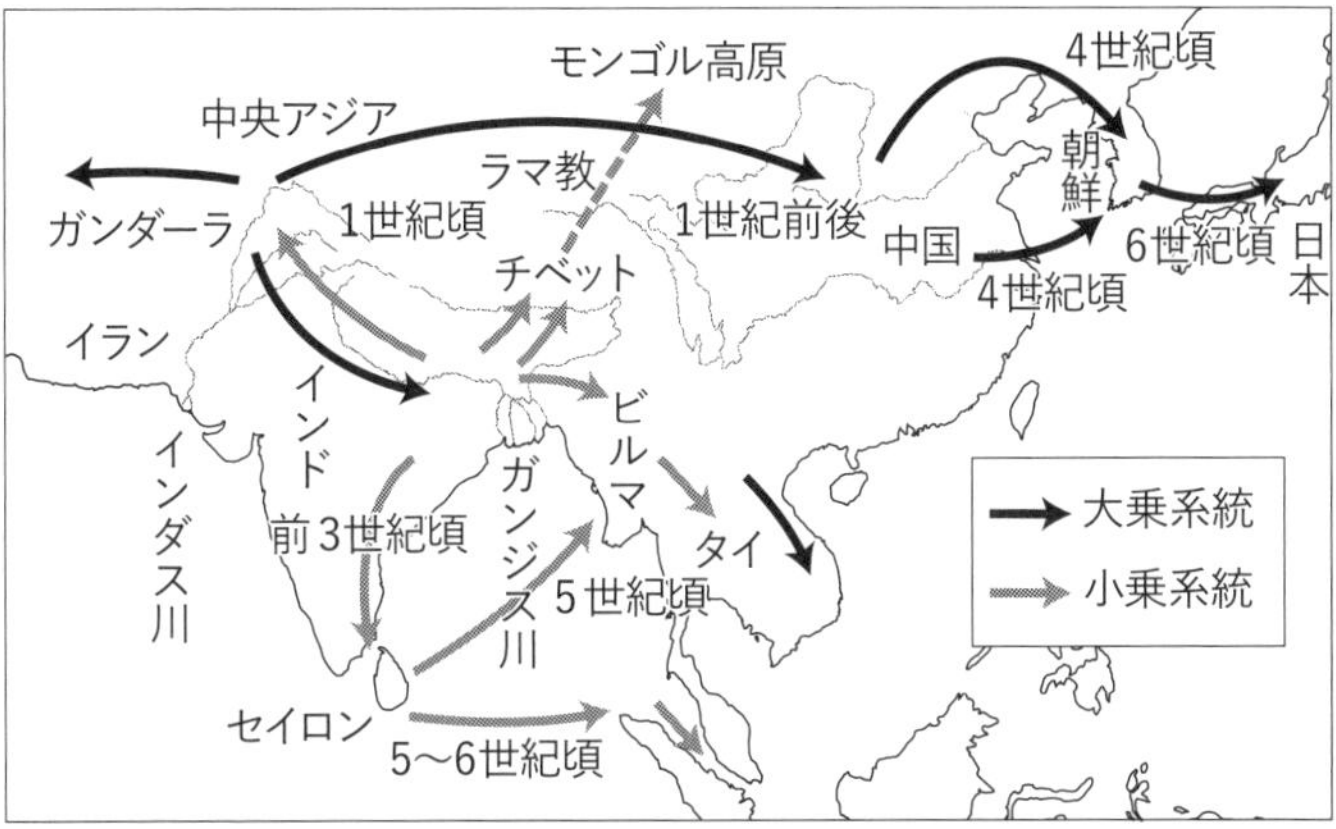

仏教は紀元前5世紀頃インド東部で生まれた。小乗仏教は東アジアの南方に、大乗仏教は東アジアの北方に伝わった。ちなみに、日本へ大乗仏教が伝わるのに、約1000年必要とした。

そうしたお寺があるでしょう。信者寺は、そこかしこに賽銭箱をおいて、お札、お守り、おみくじなどを販売しています。信者寺にとって最も大切なのは、リピーターです。幾度も足を運んでもらうために、信者寺は人生の節目に祈祷の行事を入れるように勧めています。その代表格が厄除けです。

あるお寺では、男性の本厄は数え年で四歳、二五歳、四二歳、六一歳で、毎年の前厄と翌年の後厄を入れると厄年は合計一二回巡ってきます。女性の場合はさらに三年分が加わって合計一五回です。一度厄除けを頼んでその効果を感じた人は、何度でもお寺を訪れるようになります。

そして最後の一つが、観光寺です。観光寺はその名の通り、信仰心とは無関係に、いわゆる観光気分で訪れるお寺です。京都の清水寺などが有名です。

観光寺には、観光客を惹き付けるための工夫が必要です。庭園整備で境内を美しく保ったり、積極的な観光ＰＲを行うなど、集客のための努力を怠りません。

2 お寺の呼び名、お坊さんの呼び名

お寺やお坊さんの呼び名はいくつもあります。数が多くて混乱しがちですが、ある程度これらを知っておくと、お寺やお坊さんに対する理解が深まります。

卍お寺の呼び名

- 勅願寺《ちょくがんじ》（官寺《かんじ》）　天皇が中心となり建立した寺。
- 公寺《こうじ》　政府の許可で一般市民が建立した寺。
- 菩提寺《ぼだいじ》　先祖供養を中心にした寺。
- 祈願寺《きがんじ》　様々な利益を中心にした寺。
- 学問寺《がくもんでら》　学問、知識に関する寺。
- 私寺《しでら》　豪族、貴族等個人が建立した寺。
- 廃寺《はいでら》　何の機能も果たさない幽霊寺。

卍お坊さんの呼び名

- 住職《じゅうしょく》　住持職の略。住み込み専従のお坊さん。
- 和尚《おしょう》　先生、または師匠のこと。人々に教えを説くお坊さん。

■聖人《しょうにん》（上人）　学問と得を備えた人で親鸞上人が有名。
■大師《だいし》　国から高僧に与えられた称号。偉大なる師のこと。弘法大師（空海）が有名。
■国使《こくし》　国の師。国から与えられた称のこと。禅宗に多い。夢窓《むそう》国師、仏光《ぶっこう》国師など。
■入道《にゅうどう》　天皇、または武士が仏門に入ったときに使う呼び名。
■三蔵《さんぞう》　経《けい》・律《りつ》・論《ろん》に優れた人の呼び名。西遊記の玄奘《げんじょう》三蔵法師が有名。
■菩薩《ぼさつ》　仏道を修行する人の呼び名。
■阿闍梨《あじゃり》　お坊さんの修行の師。高僧。密教で使う。
■老師《ろうし》　指導する立場のお坊さん。禅宗で使う。
■法主《ほっす》　その宗派、一門の代表であるといったニュアンス。他に管長、貫首《かんしゅ》、門主《もんしゅ》がある。
■院主《いんじゅ》、庵主《あんじゅ》　寺院を代表する人間。
■住持《じゅうじ》　お寺に住んで法を護持する人。さらに、住職の居室からきた方丈《ほうじょう》もある。
■禅師《ぜんし》　禅の修行を積んだ高僧のこと。
■雲水《うんすい》　行く雲、流れる水の如く、道を求めて諸国を遍歴する僧。現在は禅宗の修行僧。
■行脚僧《あんぎゃそう》　家々を托鉢しながら歩き続ける僧で、笈《おい》（仏具・衣類を入れる箱）を背負う。
■雛僧《ひなそう》　出家をしたばかりの僧のこと。
■小僧《こぞう》　二十歳以下の青少年のこと。

卍 僧侶の定義とは

時と場合によってお坊さん（僧侶）の呼び名は様々ですが、その違いを詳しく見ていきたいと思います。

まず、僧侶の定義ですが、出家して僧門に帰した人、あるいはその集団となります。ちなみに、サンスクリット語ではサンガといいます。それが、僧伽《そうぎゃ》、僧法《そうほう》、僧《そう》と音訳されて現在に至っているのです。

サンガという言葉自体に、和合衆、衆という意味があり、釈迦の時代では、僧というと四人以上の比丘《びく》（僧）の集団を指しました。

しかし、仏教が中国に伝来してから、一人でも僧と呼ぶようになり、日本もそれに倣いました。

やがて、その位に応じて、僧侶は色々な呼ばれ方をしますが、上は大僧正から、下は一休さんのような小僧まで、すべてが僧であり、僧侶です。また、出家、法師《ほうし》、沙門《しゃもん》という呼び方もあります。

卍僧侶の呼び方は色々

前述の通り、僧侶の呼び方にも色々あって、最もポピュラーな呼び方はお坊さんですが、これは坊主から出た呼び名です。

では、その坊主という言葉がどこからきたのかというと、お寺がその区域内に住居としてつくった末寺《まつじ》の呼び名が、坊《ぼう》なのです。その坊の主《ぬし》ですから、坊主というわけです。その中でも、お寺を主管し、維持させる役割を担う僧侶は、住職と呼ばれます。

要するに、初期においてお坊さんと呼ばれていたのは住職のみということになります。これが僧侶全体を指すようになったのは中世以降のことですが、やがて一般庶民の間にも、坊主という呼び方が浸透し、「坊主頭」や「三日坊主」や「朝寝坊」などの言葉が続々と生まれていくことになります。それだけ昔の日本人にとっては、僧侶は常に身近にいる存在であったということです。

回お寺の組織の例

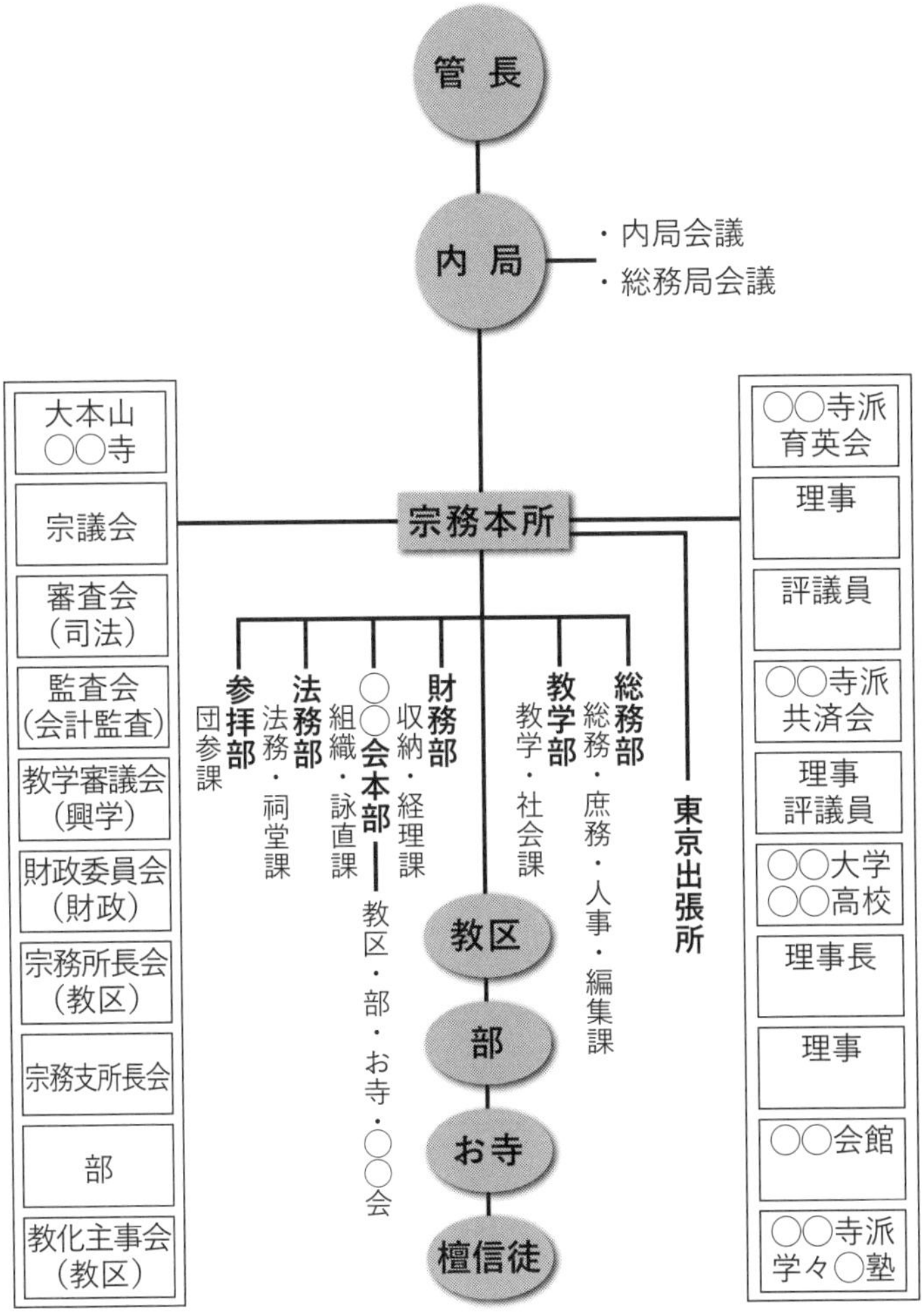
管長
内局
・内局会議
・総務局会議
大本山
〇〇寺
宗議会
審査会
（司法）
監査会
（会計監査）
教学審議会
（興学）
財政委員会
（財政）
宗務所長会
（教区）
宗務支所長会
部
教化主事会
（教区）
宗務本所
〇〇寺派
育英会
理事
評議員
〇〇寺派
共済会
理事
評議員
〇〇大学
〇〇高校
理事長
理事
〇〇会館
〇〇寺派
学々〇塾
参拝部
団参課
法務部
法務・祠堂課
〇〇会本部
組織・詠直課
教区・部・お寺・〇〇会
財務部
収納・経理課
教学部
教学・社会課
総務部
総務・庶務・人事・編集課
東京出張所
教区
部
お寺
檀信徒

3 お坊さん、お寺はタテ関係の階級社会

お寺のランク付けは、お寺や信者を監視するために、江戸時代から始まりました。お寺内の上下関係は幕府にとって好都合だったのです。

卍お坊さんの階級

お坊さんの職種についてはすでに紹介しましたが、それらを改めて偉い人順にランク付けすると、次のようになります。

まずある宗派では、一番位《くらい》が高いのが大僧正《だいそうじょう》です。どの宗派でも緋《ひ》の衣をまとえるのが、このランクのお坊さんたちです。次が権大僧正《ごんのだいそうじょう》です。「権」というのは「副」とでも理解しましょう。以下、僧正、権僧正、大僧都《だいそうず》、僧都、少僧都、権少僧都、大律師《りっし》と続きます。よくいわれる沙弥《しゃみ》は、一番下のランクの少年僧のことです。

卍お寺のランク付けは幕府の思惑から

お坊さんにもクラスがあるように、お寺にも寺格というランク付けがあります。わかりやすいのが本山《ほんざん》と末寺《まつじ》の関係でしょう。

本山と末寺の関係は、本山が一宗一派を統括するのに対し、末寺は経済的援助、儀式な

どを本山の指示通りに行うとされています。この制度は江戸時代に始まりました。

平安時代から、地方の末寺は、力を持った中央の大寺院に頼るために関係を深めていきました。様々な宗派が台頭し、一向宗のように巨大勢力にまでなってしまうと、時の権力者はうかうかしていられなくなります。

そこで江戸幕府は、寺院法度《じいんほっと》（お寺の決まり）を皮切りに、すべてのお寺を宗派に組み入れて、それぞれを本山《ほんざん》・本寺《ほんじ》・中本寺《ちゅうほんじ》・直末寺《じきまつじ》・末寺《まつじ》という上下関係の組織にしてしまったのです。

こうすれば、頂点の本山だけを抑えておけばいいので、お寺および信者を管理するという意味では、幕府にとって非常に都合が良かったのです。

卍 一つの宗派に複数の総本山がある？

総本山というと、各宗派に一つしかないイメージを持たれるかもしれませんが、歴史のある大きな宗派だと、かなりの数のお寺をその配下に持ちます。そのため、一つの宗派にいくつかの総本山が誕生することがあります。

たとえば、臨済宗の場合、栄西が開いた京都の建仁寺こそが唯一の総本山といってもいいのですが、何しろ臨済宗と一口にいっても、お寺の総数は六〇〇〇以上です。これらをすべて統括するのはとても不可能でしょう。

その結果、今では一四の派に分かれ、各々が本山を持っています。そのため、もともとの総本山である建仁寺は、寺派総本山と呼ばれるようになっています。

4 宗教法人の権利売買とはどういうものなの？

葬儀屋の進出と宗教法人法の施行によって、日本仏教は転換期を迎えています。少なくとも宗教法人の売買は、以前のように簡単にはいかなくなりました。

卍宗教法人とは何か

宗教法人とは、宗教法人法によって法人となった団体をいいます。宗教法人を設立するには、次の必要項目を提示し、各都道府県知事の認可を受ける必要があります。

①本尊が明確であること
②宗派の教義が明確であること
③儀式の内容が明確であること
④信者数が規定以上に達していること
⑤運営する代表者が明確であること
⑥施設（お寺など）があること

宗教法人法第二条では、宗教法人になれる宗教団体について「宗教の教義を広めて、儀式行事を行い、および信者を教化育成することを主たる目的とする団体」と定義しています。より具体的にいうと、定義その一は、「礼拝の施設を備える神社、寺院、協会、修道院その他これらに類する団体」、その二は「前号に掲げる団体を包括する教派、宗派、教団、教会、修道院、司教区、その他これらに類する団体」となっています。

卍宗教法人の売買の実態

宗教法人のメリットに目をつけて、お金で名義の買い取りを狙う業者が増えています。とりわけ、住職のいない山奥の貧乏寺は、引っ張りダコといった具合です。

前述した項目の条件を満たすために、適当に宗派の教義をでっち上げて、誰か適当な人物を教祖として立て、お寺らしき掘建て小屋をつくり、あとは信者を数人集めれば、買い取りの許可は意外なほど簡単におりたのです。宗教法人の名義さえ手に入れてしまえば我が意を得たりで、あとは何をしようが勝手放題といってもいいでしょう。

卍宗教法人の売買が難しくなった背景

宗教法人の名義さえ手に入れてしまえばシメたもので、あとは何をしようが自由です。関西のある破れ寺（誰も住んでいないお寺＝無住寺）では、たった五〇〇万円程度で法人権が売買されたといいます。

このケースでは買い取った側の丸儲けで、事業を展開しうる能力さえあれば、一年後には億単位の収益を上げることも十分可能です。

とはいえ、過去には、博多でソープランドの経営者がお坊さんの資格を取得し、会社を宗教法人にして大儲けしようと企んだ結果、警察の手が回ってしまったというケースもありました。刑法二四六条詐欺欺罔《ぎもう》罪という罪名で起訴されたのですが、常識外れには、ある程度の法の網があるということです。そのあたりは、一九五一年の宗教法人法の施行によって、だいぶ厳格になりました。

いずれにしても、日本仏教が新たなるターニングポイントを迎えていることは間違いありません。

5 日本の仏教の信者はどれくらい？

現在、日本の総人口はおよそ一億二七〇〇万人ですが、宗教人口はその数をはるかに上回る数になっています。

卍 仏教の信者は総人口を超えている？

日本の宗教人口を認識する方法には、一つにはそれぞれの宗教団体の提出による信者数のトータル数、もう一つには世論調査があります。しかし、これらの調査による数字には、かなりズレが生じています。

日本における宗教の信者数は、文化庁の『宗教年鑑』によって、毎年、新たに発表されていますが、各宗教団体による数字は、統計の科学的処理に依拠した世論調査の数字とは違い、あくまでも任意の数字です。

そのためか、日本の信者数は、総人口をはるかに超えた数になっているのです。

たとえば、仏教団体の提出による、ある年の仏教の信者数のトータルは、当時の人口約一億二五〇〇万人に対して、二億一〇〇〇万人にもなっていました。宗教全体の分布としては、神道系が約一億七〇〇〇万人で五〇％、仏教系が約九五〇〇万人で四五％、諸教が約一〇〇〇万人で四・七％、キリスト教が約一七〇万人で〇・八％です。しかし、これを総人口と比較すると、各信者数は、神道で日本人口の約八五％、仏教で七五％、諸教で八％、キリスト教で一・五％という、なんだかおかしな数字になるのです。

このように、神道系と仏教系だけで二億人を超えるのは、国家神道や学校教育の年中行事の影響もあり、多くの日本人が七五三や初詣、あるいは季節の祭りを神社で行い、江戸時代の寺請制度の影響で、葬式や盆を仏教で行うなど、複数の宗教にまたがって儀礼に参加しているためだと思われます。

卍多重信仰を不思議と感じない日本人

また、信者数が日本の総人口を超える理由として、一人の人間が墓所の関係でお寺に属しながら、地縁の関係上は神社の氏子になってしまう、多重信仰がごく普通であることが挙げられます。各々が二〜三の信仰を持っているという現実を示しているのですが、ほとんどの人はそこに疑問や不自然さを感じていません。

過去にNHKなどの世論調査でも、国民の約二割がいずれかの宗教の信者、約一割がノミナル（名目上）の信者であり、宗教を否定すると答えた人は二割にも満たないという結果が出ています。また、「神や仏の存在を信じますか」の問いかけには、「ある程度信じます」のトータルが六割にもなったといいます。

6 お寺は七つの建物で構成されている

お寺は様々な名称の建物で構成されています。お寺の構造についてみていきましょう。

卍お寺には決まったパターンがある

まず山門があって、横には鐘楼堂があり、そして本堂。その横には、お坊さん一家の住む家が続いていて、裏に回ればうっそうとした墓地。

お寺の境内といわれると、みなさん、そのような光景を思い浮かべるのではないでしょうか。また、日本全国どこのお寺へ行っても、その構造が似ていることにも気づくはずです。

それもそのはず、お寺は昔から必要であるとされる建物が、歴史の積み重ねの上で法則化されて配置されているのです。

かつてインドでは、お寺（僧院）は伽藍と呼ばれていました。それが時代を経るにしたがって次第に整備され、日本に伝わり、やがて七堂伽藍という言葉が生まれました。ここには、「七つの建築物で構成される立派なお寺である」というニュアンスが込められています。そして同時に、それはお寺の根本的な構成要因でもありました。

卍七つの建物は時代とともに変わる

ではお寺の全体の配置について、七つの建物をもとに見ていきましょう。

まず、お寺の山門《さんもん》は入り口であると同時に、俗世界と仏道世界を隔てる、大きな境目でもありました。三門《さんもん》とも呼ばれます。これは三解脱門の意味で、涅槃《ねはん》に入る際に迷いから抜けるため、空・無相・無作の三つの門をくぐらねばならないことに由来します。

基本的には、この山門や、本堂である仏殿《ぶつでん》、そして修行や集会の場所である講堂、住居である庫裡《くり》、さらに食事の場所である僧堂《そうどう》、そして浴室、トイレである東司《とうす》が備われば、仏道授業には十分な施設となるのですが、これも時代とともに変化してきました。

たとえば、古く奈良時代のお寺では、金堂《こんどう》（本堂）、講堂《こうどう》、塔《とう》、鐘楼《しょうろう》、経蔵《けいぞう》、僧坊《そうぼう》、食堂《じきどう》の七つを七堂と数えていました。

一方、真言宗では、潅頂堂《かんじょうどう》、大師堂、大塔を重視し、鐘楼、僧坊、食堂を外しています。

さらに現代のお寺では、祖師堂《そしどう》、観音堂《かんのんどう》といった特定の仏を祀る堂宇、さらには納骨堂《のうこつどう》、水屋《みずや》を加えています。

その時代における仏教の役割の変化と同時に、必要な建物も変わっていくのです。

お寺の主な配置（伽藍配置）

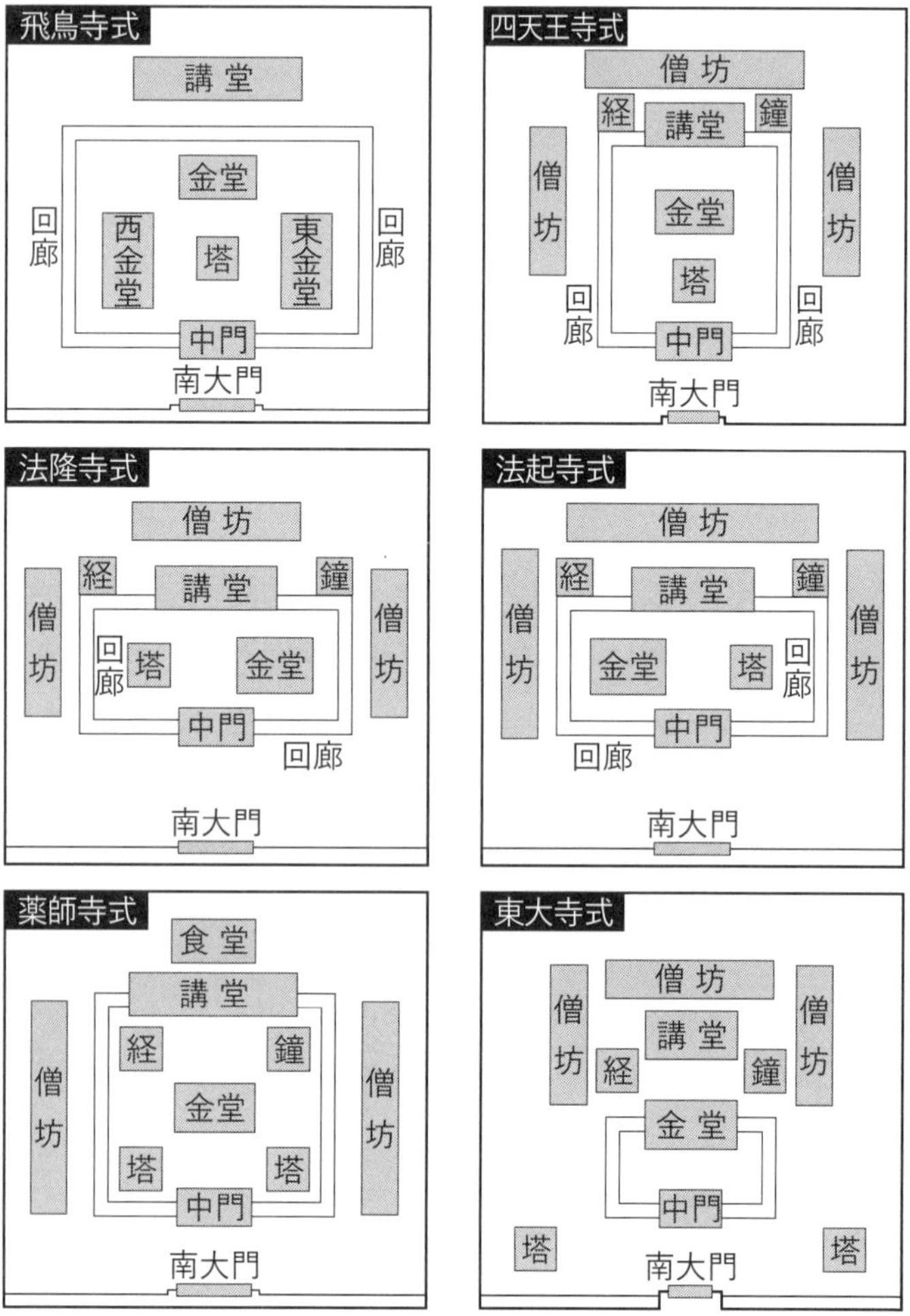

第2章　お寺を取り巻く仕事

1 お坊さんの仕事

① 葬儀・法事等

住職を十職と書いた時代があったといいますが、現在のお坊さんの仕事は、法事・年中行事・葬儀の三本柱です。

卍 お坊さんの日常の仕事

お坊さんにとって欠かせない大事な仕事は、檀家の葬祭関連、たとえば法事・葬儀・年中行事などです。

法事とは、四十九日、一回忌、七回忌などの先祖供養のための儀式、年中行事とは、盂蘭盆会《うらぼんえ》に行われる施餓鬼《せがき》などの行事です。

卍 法事・年中行事は予定を事前に組める

法事や年中行事は、事前に期日を設定できる仕事です。

法事に関しては、お坊さんは過去帳と呼ばれる亡くなった檀家の方々の名簿を持っていて、その名簿を見れば、あらかじめ法事が入りそうな時期を予測することができます。その上、実際の法事は予約制になっているので、都合の悪い日を除いて予定を組むことができるのです。さらに年中行事に至っては、お寺の寺報などで、年初にすべてのプログラムが決まっています。

各寺院で法要が営まれる年中行事には、以下のようなものがあります。

・修正会《しゅうしょうえ》（一月一日から七日頃）　前の年に行ってしまった悪行を反省して、新たに迎えた新年をお祝いする法要。
・涅槃会（二月一五日）　お釈迦様が亡くなった日の法要。
・灌仏会（四月八日）　お釈迦様が生誕なされた日の法要で、花祭りとも呼ばれる。
・施餓鬼会（日付は各寺院による）　餓鬼道や地獄で苦しむ霊を救うための法要。
・御会式《おえしき》（一〇月一二日・一三日）　日蓮宗の開祖・日蓮聖人の忌日の法要。
・報恩講（日付は各寺院による）　浄土真宗の宗祖・親鸞聖人の忌日の法要。
・成道会《じょうどうえ》（一二月八日）　お釈迦様が悟りを開かれた日を祝うための法要。

卍葬儀は予測不可能！

時期を予測できないのが、突然やってくる檀家の死に伴う葬儀です。

檀家が亡くなり、葬儀での読経の依頼があれば、お坊さんは必ずそれに応じなければなりません。それがお寺と檀家の間の暗黙の契約です。

図 一般的なお寺の間取り

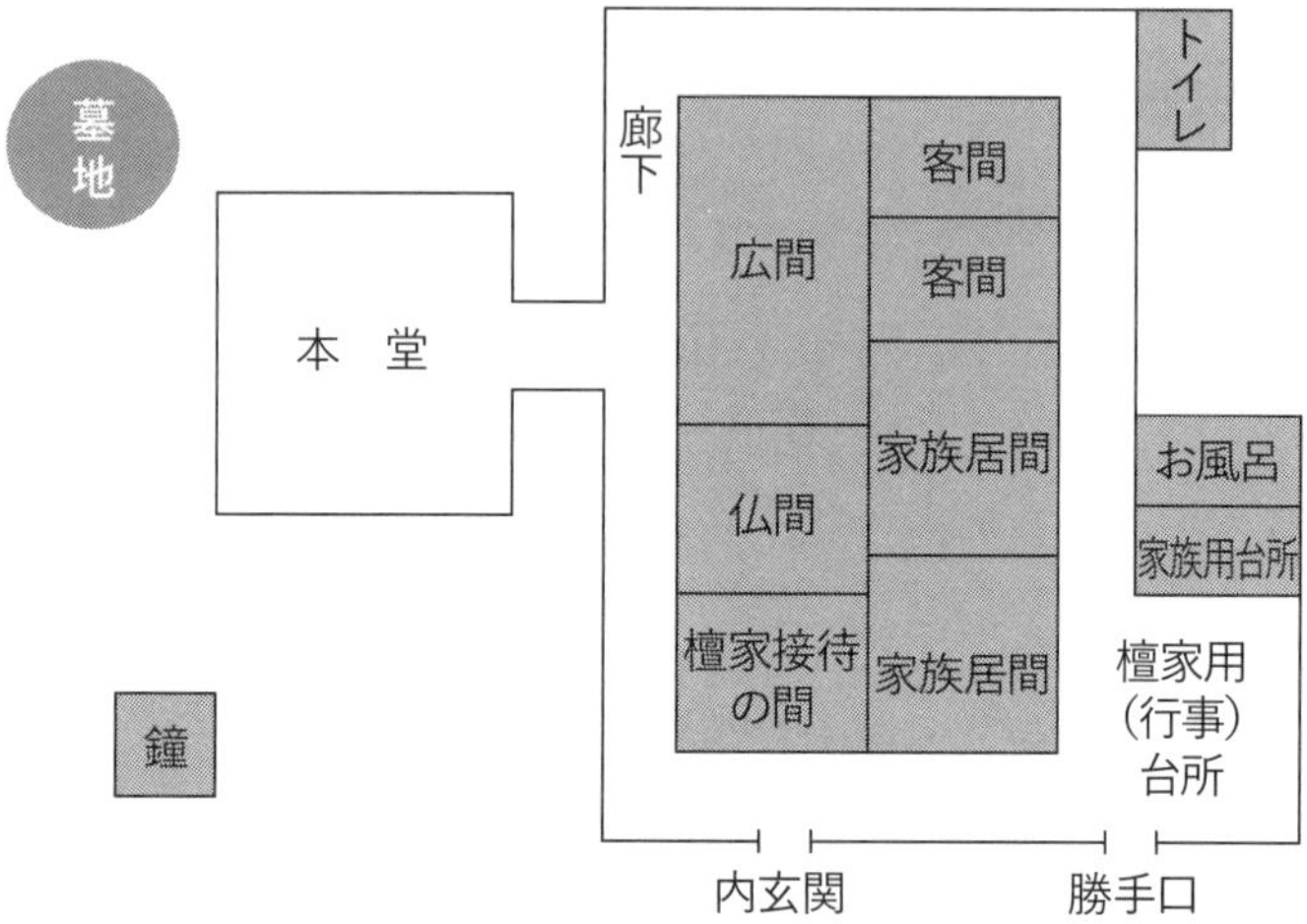

ちなみに、檀家とは、先祖伝来、葬儀法事一切を特定のお寺に委託して、さらに定期的にその寺に対してお布施(寄付)行為を行っている家のことをいいます。なので、葬儀が重なったなどの理由から一日や二日の日程調整は可能ですが、海外旅行中だから一週間遅らせてくださいとお坊さんの都合に合わせるわけにはいきません。

卍お坊さんは年中無休ではない

葬儀の時期は不確定ですが、かといって、すべてのお坊さんが二四時間体制、年中無休で待機しているわけではありません。そんなことをしていたら身体が持ちません。

多くのお坊さんがいる大寺院では、お互いに分担して仕事を行っているケースもあります。

ただし、お盆の五日間は、お坊さんにとっては地獄です。朝の八時から夜一〇時くらいまで、一日三〇～五〇軒の読経はザラです。この五日間でどれだけの仕事をこなしたかで、年間収入に大きな差が出るのです。

2 お坊さんの仕事

② 実質は世襲制

お坊さんはかつて、宗教家、学者、教師など様々な顔を持っていましたが、いまや食い扶持を稼ぐ一部の仕事だけをしているのが現状です。

卍お坊さんの仕事は生業のみとなった

かつてのお坊さんは宗教家であると同時に学者であり、公務員であり、慈善事業家であり、軍師であり、教師であり、または芸術家でもありました。

しかし近代化の流れで、そうした職業は専門化、細分化され、お坊さんの仕事は次第に専門職にとって代わられていきました。やがてお坊さんの仕事は減っていき、いつしか生業となり、生活のために就く職業の一つになってしまったのです。

袈裟を着て木魚を叩いてお経を唱えているだけではなく、衆生《しゅじょう》（この世に生を受けたもののすべてを意味する仏教用語）を救済するための慈善事業家などの仕事を取り戻すことが、これからのお坊さんの大きな課題かもしれません。

卍仕事を継承しているのは世襲の子供

一八七二年、明治政府による僧侶の肉食妻帯などを許可する太政官布告から、すでに

回摩訶不思議な四者関係

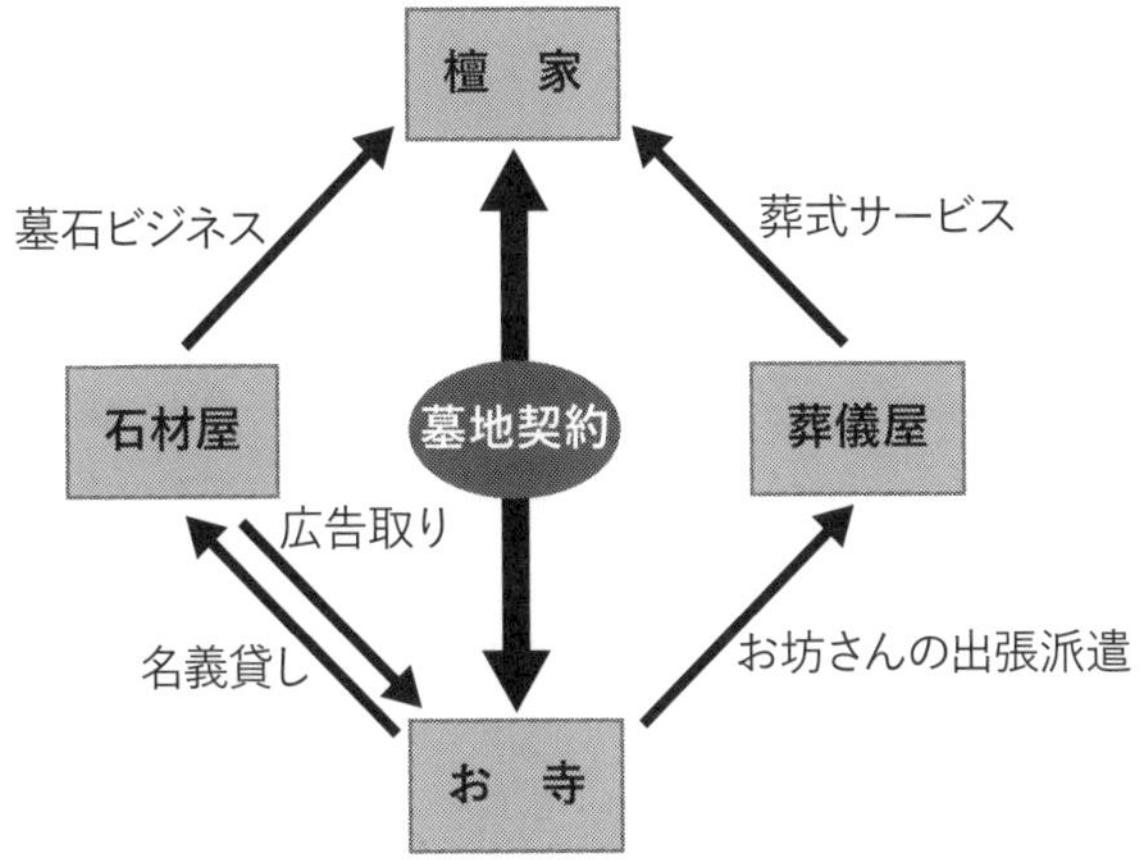

一四〇年以上が経過しました。現在は大抵のお坊さんは妻帯し、住職は実質的に世襲制となっています。

檀家の年齢層も高く、保守的な考えの人たちが多数のためか、はたまた一般人よりもお寺の息子が住職を継げば安心感が生まれるせいか、多くの人が世襲に賛成しているのが現状で、そうした世襲のお坊さんが仕事を先代から引き継いでいるのです。

卍ほとんどが資格取りの世襲の坊さん

世襲制のもとでは、跡継ぎがなるべくスムーズにお坊さんの資格（宗派それぞれの認定試験）を取得できるようにすることが求められます。

その結果として、お寺の私物化が成立しているのは否定できません。

お坊さんになるには本来、「まずそれになるかどうか」を決めなければいけませんが、そもそもそこに思い至る人がなかなかいないのが現実です。結局は、住職の関係者がお坊さんになりやすくなっているのです。

一般論としても、小さいときから近くで見ている分、親と同じ仕事に就くのは抵抗感が少ないでしょう。これは他の世襲でもいえることです。

また、大都市には年収一〇〇〇万円以上の安定した収入があるお寺もザラにありますので、単に既得権益にからめとられてしまっているともいえるでしょう。

3 葬儀屋の仕事

葬儀屋は、お寺や病院を取り込んで葬儀の一切を取り仕切る立場です。お寺との関係は今後どうなるのでしょうか。

卍 病院は葬儀屋の出張所？

今の時代、大半の方が病院で亡くなります。各都市では、表現は少し悪いですが、葬儀屋による遺体争奪合戦が、死亡者が出る以前から始まっていると聞きます。あらかじめ病院との太いパイプをつくっておいて、遺体予備軍、要するに入院中の患者に予約を入れて、その日を待ち兼ねているというのです。

葬儀屋は病院等に営業し、昵懇になり、遺体を回してもらうのです。その見返りとしてリベートを提供する、それが一般的です。

ただし、これが合法かというと判断が難しいところです。まず、国公立病院では、公務員の職務規程に抵触するので、明らかに違法になります。民間の病院でも、個人的にリベートを受け取ったら違法です。ただし、病院と葬儀社が業務委託等の契約をしている場合は違法ではありません。

卍お坊さんは葬儀屋の小道具

遺体が出ると、病院の霊安室に待機していた葬儀屋が、即座にストレッチャーを押して病院まで引き取りに行きます。このとき、不謹慎ないい方ですが、「この遺体、いただき」となるわけです。

葬儀の見積もりや段取りなどについては、すでに遺体を運ぶ寝台車の中で決められており、お葬式が始まってから、やっとお坊さんの登場となります。

お坊さんは葬儀屋の小道具・お飾りで、遺族と会話することさえしません。読経さえすれば、お役御免です。

お布施は直接、葬儀屋の手にわたり、三～六割もマージンを引かれてお坊さんの元に届くのです。ある意味、お寺は葬儀屋の下請けでしかないということです。

葬儀屋がお布施を多めに遺族に伝えることがあります。当然、お布施が多いほど葬儀屋の手取りが増えるからです。ただし、それがお坊さんにまで回ってくるかはわかりません。

卍宗派の規則通りの儀式ができない？

このように、葬儀屋が宗旨宗派を問わずにお葬式を引き受けてしまうと、宗派の規則通りの儀式ができない可能性が生じます。なぜなら葬儀屋は自分の付き合いのあるお坊さんの中から、より謝礼が少ないお坊さんを選ぶからです。

もちろん真面目な葬儀屋、お坊さんも多いですが、悪貨は良貨を駆逐するといいます。葬儀業界およびお寺と葬儀屋の関係がうまくいくことが望まれます。

4 石材屋の仕事

石材屋は末永くお付き合いするパートナーです。信頼第一で注意深く選びましょう。

卍 信頼できる石材屋の基準

石材屋の仕事は、墓石を建てると同時に、墓守をすることです。しかし最近では、にわかづくりの墓石販売業者やブローカーのような業者もいるので、選ぶ際は注意しましょう。墓を建てて数年後、墓石に問題が生じて業者が電話したら音信不通になっていたとか、新仏の戒名彫りを依頼したらお店がなかったという苦情が、全国の消費者センターに寄せられています。建てた墓石を保証して、後々まで面倒を見てもらえる、信頼できる石材屋を選ぶことが大切です。

卍 墓石の価格の価値判断

本来、墓石の機能性というものはまったくありません。得られるのは心の満足です。なので、高い墓石が良くて、安い墓石が悪いということはありません。

亡くなられた方を供養し偲ぶお墓を建立するならば、より清々しい気持ちになれるお墓であることがもっとも大事です。また、生前墓として、ご自分の死後の住まいとして生前に建立するなら、自分の思い入れを込めたお墓をつくるべきで、目先の価格より心の満足を重視した墓づくりが良いのです。

石材屋を選ぶなら、地元に根づいた評判の良い石材屋が安心です。いい加減な仕事をしたり、法外な価格で建立するような石材屋であれば、すぐに評判が落ち、地元で長く仕事をすることはできません。建立した墓石は、まさに石材屋の信用を背負っているのです。

卍お寺名義で墓を分譲

お寺によっては、信頼できる石材屋にお寺の名義を貸し、お寺の名前で墓を分譲しています。分譲のコストは全額、石材屋が負担します。檀家側は石材屋を選べず、分譲した業者から墓石を購入します。

檀家は永代使用権も、形としてはお寺から購入していますが、実際の代金はすべて石材屋に入ります。墓地経営は、お寺の経営安定に寄与します。つまり、墓地が売れれば石材屋も利益をあげますが、お寺も檀家が増えるというわけです。

ちなみに、通常、墓地はお寺と檀家との取引で、墓石は石材店と檀家との取引です。

一般的に、お寺に隣接し、そのお寺の宗派や指定石材屋が販売管理を行い、住職が常駐

■石材店の儲けの仕組み

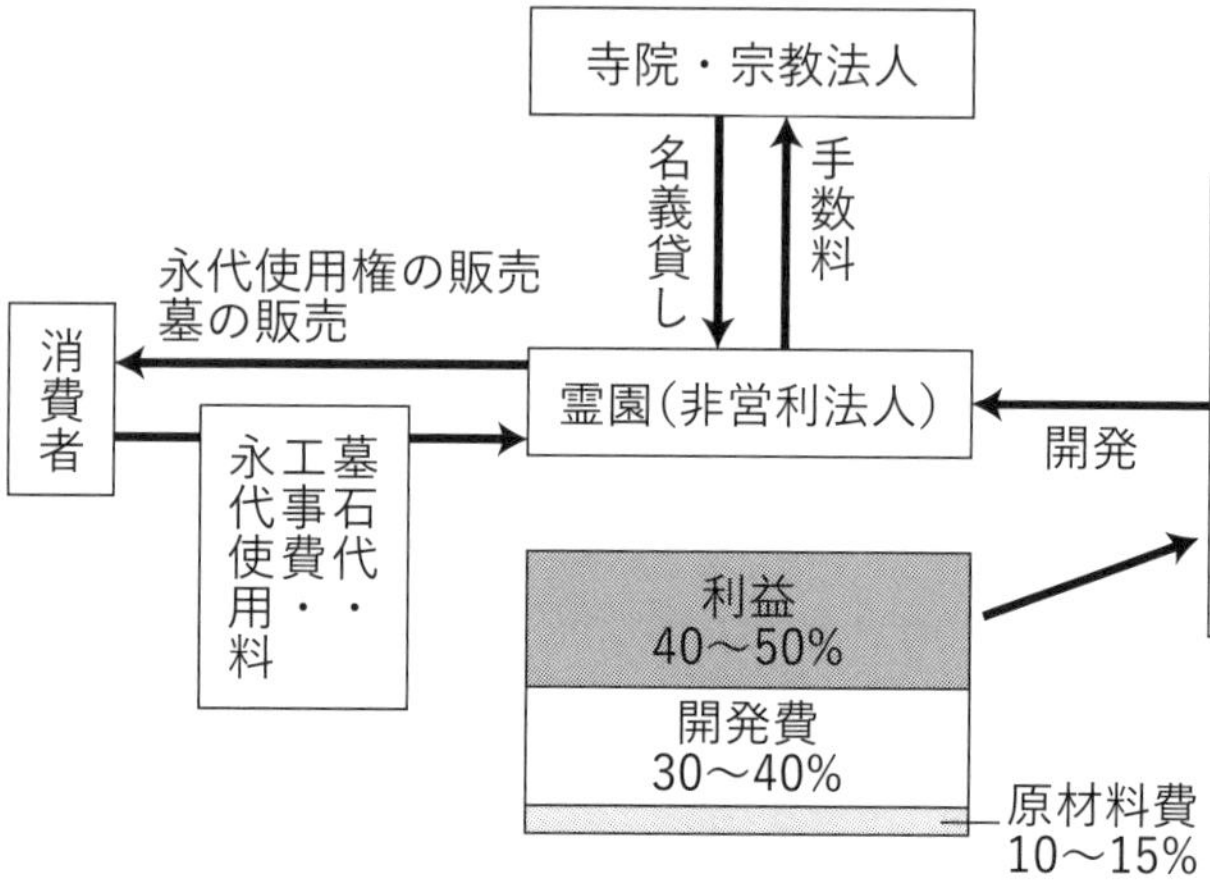

しているものが寺院墓地、一方、一般的に整備された参道や施設が整い、宗旨・宗派にかかわらず入ることができるのが霊園です。

5 庭師の仕事

自然を取り込んだ美しい庭は、お寺にとって大切な要素の一つです。お寺の庭をデザインする庭師には、庭を見る人の気持ちを考えて創意工夫するセンスが求められます。

卍 庭師は見る人の目線を下げさせる

庭師の仕事としては、成長しすぎている高木の剪定、実生の樹木の伐採などがあります。庭の趣をかもし出す築山《つきやま》（山をかたどって土を積み上げた場所）は、写真から復元することが可能です。

デザイン的な面でいえば、お寺の庭は、見る人を楽しませる快活さや明るさ、そして素朴さを感じられることが大切です。

また、いい庭は、眺めていると自然に目線が下がってくるものです。というのも、目線がやや下がっている状態というのは、気持ちが落ち着いている状態だからです。

人の目線を上げたり下げたりというのは、人の気持ちを上げたり下げたりするということです。目線や気持ちを動かす庭を作り上げることは、庭師の重要な仕事の一つといえるでしょう。

卍〝無〟から考え、創意工夫する

たとえば冬の庭はシンプルですが、庭師は春を待つ間に想像を働かせて、美しい春をイメージします。

本来、日本人は固有の意識と創造性を持ち合わせて、今の伝統文化をつくり上げてきました。それも何もない〝無〟から考え、創意工夫するのです。

庭師にはそのような感性や想像力も求められます。

卍自然のエッセンスの運び屋

生命体は一つから始まり、進化して人間になりました。人間以外のものは、今も自然に溶け込んでいます。自然は何千年、何万年、何億年の歳月を経てできたものですから、人間の力では到底かないません。

そんな人間の世界へ、自然のものを持ってくる、いわば、自然のエッセンスの運び屋が庭園整備（造園）の仕事です。

石、木、土、花、苔、自然の生き物……、庭の材料は、すべて自然のものです。また、空、太陽、雲、月、雨、風、霜、雪も庭の材料です。それらを材料にして癒しの空間をつくり上げるのです。

卍 枯山水の庭には水がない

枯山水《かれさんすい》という庭があります。水を用いることなく、地形などをそのまま生かして山水を表現する庭園の形式のことなのですが、鎌倉〜室町期の枯山水は、白川砂を水に見立てています。

江戸時代までの京都は水事情が悪く、鴨川は夏には干上がり、雨が降ると氾濫して疫病が流行り、都に惨事を起こしていました。枯山水とは、そういう状況から誕生した幻の水を指し示すもので、日本古来のとても印象深い庭です。枯山水の庭で有名なのは、京都の龍安寺方丈庭園や圓光寺などです。

第3章　日本の仏教早わかり

1 日本仏教の流れはこうなっている

日本に仏教を積極的に招いたのは聖徳太子でした。初となる日本人の開祖は天台宗（最澄）、真言宗（空海）です。

卍仏教を日本に招いたのは聖徳太子

お釈迦様が生存して教えを説いた時期には、宗派というものは存在しませんでした。三国伝来（仏教がインドで生まれた後、中国を経て、日本に伝来したこと）という言葉がありますが、日本に仏教を積極的に招き寄せ、その普及の基礎を築いたのは聖徳太子でした。

聖徳太子は、渡来僧から仏教を学んで、深い理解と信仰を示し、大陸文化を積極的に取り入れようとしました。政治的な抗争によって内乱の続く日本を、仏教思想を根本とした政治で統治しようとしたのです。

聖徳太子による政治改革の一つに「和を以て貴しとなす」の言葉で有名な十七条憲法がありますが、それにも仏教の思想が大きく関わっています。

卍奈良時代から鎌倉時代の日本仏教

奈良時代は仏教の最盛期で、仏教は国家統治の手段として国家の支配下に置かれました。その最たる時代が、聖武天皇の頃で、全国の国ごとに官位の国分寺（総国分寺は東大寺）が建立され、お坊さんは国家公務員として扱われました。ちなみに、奈良時代末から平安時代にかけて、最澄が七八五年に、空海が七九五年に、東大寺戒壇で戒律（具足戒《ぐそくかい》）を受けています。

日本人によって初めて開宗された天台宗、真言宗の二宗は、この二人によって始められ、加持祈祷によって貴族社会に急速に浸透していきました。この二宗は平安時代の約四〇〇年間に渡って、日本仏教の主流を占めることになります。

平安時代末期には末法思想（仏教が衰えるという予言的な思想）が生まれ、鎌倉時代には、その危機意識の中から幾多の優れた仏教家による新宗教が登場します。融通念仏宗、浄土宗、浄土真宗、時宗といった浄土系四宗などです。その後、臨済宗、日蓮宗も誕生しました。

仏教は、悟りに至るための教えです。それが、このようにいくつかの宗派に分かれるのはなぜでしょう。

それは、悟りに至る時期（死んでからか、生きている間か）や、悟りに至るための手段、中心とする教典の違いなどが原因です。

私たちは宗派と一口に言いますが、それぞれの宗にはいくつもの派があり、日本の仏教宗派は一三五六派にも及ぶのです。

図 日本の仏教の流れ

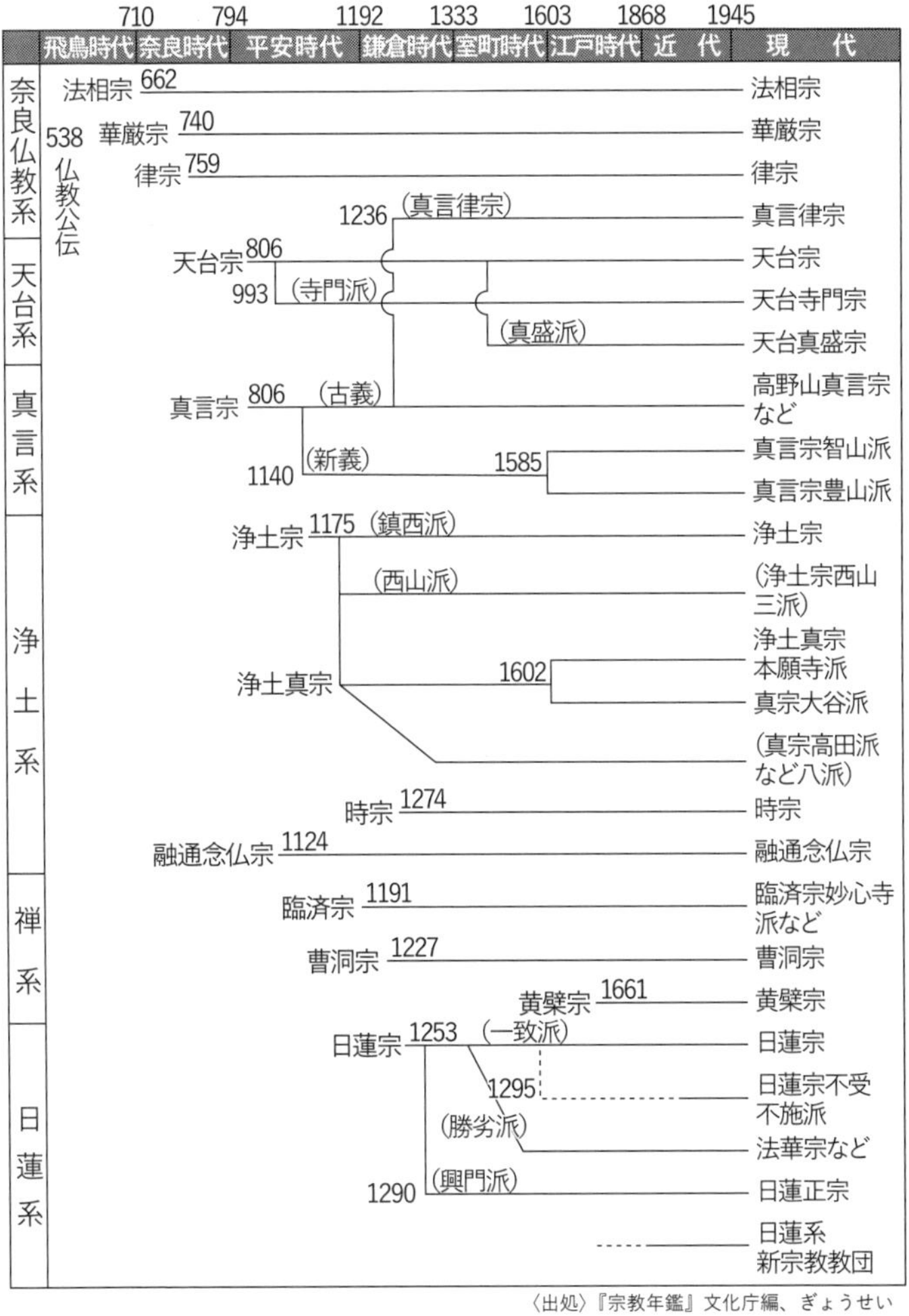

〈出処〉『宗教年鑑』文化庁編、ぎょうせい

2 南都六宗・天台宗・真言宗を早わかり

天台宗では、密教は多くの必須科目のうちの一つに過ぎません。一方、真言宗では、密教が非常に大切と説いています。

卍南都六宗とは

三論宗《さんろんしゅう》、成実宗《じょうじつしゅう》、法相宗《ほっそうしゅう》、倶舎宗《くしゃしゅう》、華厳宗《けごんしゅう》、律宗《りっしゅう》。これらは南部六宗と呼ばれていますが、これらの宗派は、奈良時代に中国から伝来して、大いに栄えました。

奈良時代におけるお寺は、現在のお寺とは違い、特定の宗派に属することはありませんでした。一つのお寺の中で、色々な宗派のお坊さんが学んでいたのです。

南都六宗は、本来、東大寺に属していて、どれも各宗の教理を研究する学問仏教でした。

現代では、六宗のうち、三輪宗と成実宗は華厳宗に、倶舎宗は法相宗に属したため、三宗になっています。

卍天台宗とは

天台宗の教義は、天台宗の他に、真言密教、禅、戒律の三宗を統一融合して、法華経のもとにすべての衆生は仏になれると説いています。

本尊については、如来《にょらい》・菩薩《ぼさつ》・明王《みょうおう》・諸天《しょてん》などすべては、本仏《ほんぶつ》・釈迦牟尼仏《しゃかむにぶつ》の姿を変えたものと解釈されており、特定の仏を本尊とすることはありません。ただ、現実的には阿弥陀如来《あみだにょらい》、釈迦如来《しゃかにょらい》、観世音菩薩《かんぜおんぼさつ》などを本尊とすることが多いようです。

天台教学、密教、禅、戒律を融合する総合仏教を目指した天台宗は、日本仏教の母体となりました。

後に新仏教を提唱して登場した法然、親鸞、道元などの高僧は、みな最澄が開祖の天台宗の比叡山の出身です。

卍 真言宗とは

本来は人間も仏である、というのが真言宗の考え方ですが、その中で最も重要な教えは、即身成仏《そくしんじょうぶつ》の教義です。要するに、大日如来《だいにちにょらい》と一体化して修行を行えば、この身をこのままに仏となることができるとする教えです。

その方法として、諸物・諸菩薩の働きや功徳を象徴した印を結ぶ（身密《しんみつ》）、大日如来の教えである真言をとなえる（口密《くみつ》）、大日如来に心を集中させて祈る（意密《いみつ》）、という三密を実行することが大切だと説いています。

さらに真言宗では、金剛界《こんごうかい》と胎蔵界《たいぞうかい》の二つの世界観があります。

宇宙には、様々な仏や菩薩が存在しており、とりわけ、大日如来こそ最高の仏である。また世界は、大日如来の智慧を表す金剛界と、すべてを包み込む大日如来の慈悲を表す胎蔵界によって成り立っている、というのが真言宗の考え方です。

3 浄土宗・浄土真宗を早わかり

浄土宗では、死後に極楽浄土へ往生すると教えていますが、浄土真宗では信の一念において往生は決定すると説かれています。

卍 浄土宗とは

開祖は法然《ほうねん》、聖典（教典）は、『浄土三部経《じょうどさんぶきょう》』です。

教義として、専修念仏、要するに只ひたすらに阿弥陀仏の誓いを信じ、念仏をとなえることによって、西方十万億土の彼方にある極楽浄土に往生（死後、浄土に生まれ変わること）できると説いています。

念仏というのは、あらゆる功徳を修めるもので、しかも他の諸行に勝るものです。その上、念仏は誰にでも修められる易行ですので、弥陀の平等な慈悲心からいって、本願に他ならないとします。本尊はもちろん阿弥陀如来です。

開祖である法然は、弥陀は、四十八願の中の十八願で一切の諸行を捨て去り、称名念仏のただ一行を選びとって、それを往生の本願としていると解釈しました。

卍 浄土真宗とは

開祖は親鸞《しんらん》、聖典（教典）は、こちらも『浄土三部経』です。

親鸞は、絶対他力の教えを説きました。私たちはあらゆる自己のはからい＝自力を捨て去って、阿弥陀仏の本願力を信じることによってのみ救われるとしました。

要するに、浄土への往生と、往生して仏となったのちに衆生を救うために、再びこの世に戻るとしました。

有名な歎異抄《たんにしょう》の中にある「善人なおもて往生をとぐ、いわんや悪人をや」は、九〇歳で親鸞亡き後に、弟子の唯円《ゆいえん》によってまとめられた法語集で、悪人正機節を展開しています。つまり、阿弥陀仏が衆生を救おうとする願いは、悪人でさえ成仏させるのだから、他力本願を信じる善人は当然、往生できるというものです。さらに自力で善行を積む人は他力の心がないので阿弥陀仏の本願ではないとしました。

さらに衆生の救済は、阿弥陀仏のはからいに任されるものであり、衆生のほうからのはからいは不要であるとする、自然法爾《じねんほうに》の境地に達していったのでした。

親鸞が越後に配流されたときに、坊さんであるにもかかわらず妻帯（相手は恵信尼《えしんに》で生涯の伴侶）したことは、当時の仏教界ではスキャンダラスでした。

ちなみに、配流になったときの親鸞の怒りは相当なもので、有名な台詞「爾れば、已に僧にあらず俗にあらず、是の故に禿《とく》の字を以って性と為す」（僧でもなく俗でもなく禿の性を名のって生活を送る）を残しました。

4 日蓮宗・曹洞宗・臨済宗を早わかり

日蓮宗は他宗を受け入れて対立を好みません。曹洞宗と臨済禅では、坐禅観、作仏観（仏になることの観）の点に相違の一端があります。

卍日蓮宗とは

開祖は日蓮《にちれん》、聖典（教典）は、『法華経《ほけきょう》』です。

日蓮は、末法の世には法華経のみが広がるべきだと主張しました。法華経を内包する南無妙法蓮華経《なむみょうほうれんげきょう》のお題目さえ唱えておけば、仏と心がつながって、この身がそのまま仏になると説きました。

救われるのは、浄土教のいう来世ではなくて、現世でなければ意味がないとしています。また、個人ばかりではなくて、社会も国家も救済されなければならないというのが日蓮宗の考え方です。

日蓮の亡き後は、六老僧（日昭《にっしょう》、日朗《にちろう》、日興《にっこう》、日向《にっこう》、日頂《にっちょう》、日持《にちじ》）によって布教が続けられました。

しかし、日蓮の霊廟《れいびょう》を守る久遠寺《くおんじ》の輪番制をめぐって、日向と日興が対立し、日興は身延山を退き、日蓮正宗《しょうしゅう》をつくります。この在家教団が、今日の創価学会です。

卍曹洞宗とは

開祖は道元《どうげん》、聖典（教典）は、『修証義《しゅしょうぎ》』（道元の教えを簡潔にまとめ直したもの）です。教えとしては、即心是仏《そくしんぜぶつ》でただひたすらに坐禅に打ち込んで、自分の中にある仏性を見いだし、その姿こそが仏であると信じることです。

その上で、坐禅の他に実践行として、懺悔滅罪《ざんげめつざい》（懺悔の功徳によって一切の罪を消滅させること）、受戒入位《じゅかいにゅうい》（仏の掟に従い、それを受け、守り、仏として目覚めさせてもらうこと）、発願利生《ほつがんりしょう》（苦悩の世界の人々の救済に身を捧げると誓って奉仕すること）、行持報恩《ぎょうじほうおん》（毎日の暮らしの中で生かされて生きていることを感謝し、そのための行を積むこと）、を説いています。

その一行一行が、目的のための手段ではなく、そこに生命をかけることを奨励しています。

卍臨済宗とは

開祖は栄西《ようさい》、釈迦の悟りの内容を文字と言葉で直接伝えることはできないとする禅宗の立場であるため、特定の経典は定めていませんが、『宗門安心章《しゅうもんあんしんじょう》』などを読誦《どくじゅ》するのが臨済宗です。

生まれつき持っている人間性（仏性）を坐禅によって目覚めさせ、人生を実り豊かに生きていくために、坐禅と作務《さむ》（日々の労働）を重要視しています。

臨済禅とは、お釈迦様の悟りへの道を追体験することで、これを看話禅《かんなぜん》といいます。公案（禅問答集）に取り組み、悟りの階段を登っていくのです。

5 融通念仏宗・時宗・黄檗宗を早わかり

時宗では「智者ぶらずに、愚かな凡夫の心のままに念仏せよ」また融通念仏宗は「一人と多数は同じ」、黄檗宗は「日常で頑張れ」と説きます。

卍 融通念仏宗とは

開祖は良忍です。一人が唱える念仏が、多くの人の念仏となり、それらの念仏が、また一人の念仏に集約されると説きます。

良忍は四六歳で、「一人一切人、一切人一人、一行一切行、一切行一行、是名他力往生」「十界一念融通通念仏、億百万遍、功徳円満」と阿弥陀如来からの口称融通念仏（口称の念仏で浄土に生まれると説く）を伝授されて、融通念仏を興しました。

これは華厳経の「一則一切」「一切一則」、つまり、すべてのものは関連し合って存在し、全体の中に個があり、個の中に全体があって、個と全体は同一不二であるという考えが根本です。

自分一人の念仏が他の一切の人の念仏に融通し、一切人の念仏が一人の念仏に帰入（浄土に往生をすること）するとともに、念仏の一行《いちぎょう》は他の諸善万行に融通し、諸善万行は念仏の一行に帰結することをいいます。

また、一切皆成《いっさいかいじょう》という考え方は、もちろん草や木でさえも成仏できるという法華経の教えです。

卍 時宗とは

開祖は一遍《いっぺん》です。信仰があるなしにかかわらず、南無阿弥陀仏と名号を唱えれば、阿弥陀仏は衆生を往生させてくれるとします。

一遍は念仏を唱えながら、全国各地を布教したことから、遊行《ゆぎょう》上人と呼ばれ、宗派も当時は遊行宗と呼ばれていました。

また安逸な住居、家族、身を飾る衣服、ぜいたくな食事、財産、名誉など一切を捨てて、一所不在の流浪《るろう》の生活をおくった遊行僧であり、捨聖《すてひじり》とも呼ばれました。

卍 黄檗宗《おうばくしゅう》とは

開祖は隠元《いんげん》です。教えとして、人間の誰もが持っている仏心を坐禅を行うことで見いだして悟りの境地に至るのは困難なので、坐禅や日常の作務において、仏の世界に近づくように努力することが大事なのだと説きます。

黄檗宗の思想は、隠元という大物禅僧のわりには、万福寺そのものが生活習慣をはじめ、

回仏教における時宗・融通念仏宗・黄檗宗の位置付け

系統		宗派（宗祖）
顕教	浄土系	浄土宗（法然）
		浄土真宗（親鸞）
		時宗（一遍）
		融通念仏宗（良忍）
	日蓮系	日蓮宗（日蓮）
	禅系	黄檗宗（隠元）
		曹洞宗（道元）
		臨済宗（栄西）
密教	真言系	真言宗（空海）
	天台系	天台宗（最澄）

すべてにおいて中国風であったため、日本仏教にあまり影響を与えていません。

しかし、隠元は普茶《ふちゃ》料理（中国の精進料理）、隠元豆、隠元豆腐、隠元布団などをもたらしたとされています。

特に、念仏と禅を組み合わせた念仏禅という教義に特徴があります。

6 仏教の始祖・お釈迦様の名前の由来

釈迦は二五〇〇年程前の一二月八日に、宵の明星をみて「あぁ、そこに私がいるではないか」と悟ったといわれています。

卍 釈迦もブッダもみな同じ人

釈尊《しゃくそん》の本来の名前は、ゴータマ・シッダールタといいます。「シッダールタ」とは願いが満たされた者という意味です。

日本では一般にお釈迦様とか釈迦などと呼びますが、釈迦というのは釈尊の出た部族の名称シャーキャを漢字で音写したものです。したがってゴータマ・シッダールタの名前を呼ぶ固有名称としては、本来は不適当なのです。

後世の仏教徒は、釈迦族出身の尊者という意味のシャーキャ・ムニという呼称を使いました。これを略して日本においては、釈尊となります。

また、真理を悟った人という意味の仏陀《ぶっだ》という呼び名もよく使われます。

この仏陀は元々一般名称ですが、とくに釈尊の呼称として使うようになりました。また、ゴータマ・ブッダと呼ぶ人もあります。

いずれにしても、同じ人物を指す呼称として尊敬の意味も込められていますので、あまりこだわらずに、自分に一番、馴染みのある名で呼ぶのが良いでしょう。

まとめると、釈迦族のゴータマ・シッダールタ（本名）が、出家し悟りを開くことで、シャーキャ・ムニ（釈迦族出身の尊者＝釈尊という意味）、仏陀（真理を悟った人という意味）、ゴータマ・ブッダ、などの名称で呼ばれる、ということです。

卍悟りに不可欠な三つのキーワード

釈迦の悟りを考えるときは、少なくとも三つのキーワードを抑える必要があります。それは、解脱《げだつ》、涅槃《ねはん》、菩提《ぼだい》です。

解脱とは、その当時、一般的に理想とされていた考え方で、苦しみの世界から脱出し、解放されることです。

六道《ろくどう》世界（地獄道、餓鬼道、畜生道、阿修羅道、人道、天道）に何度も生まれ変わり、いつまでも苦しみが循環する輪廻から解き放たれ、永遠の安楽の世界に行くことを理想としました。

では、どうすれば輪廻から解脱できるのでしょうか。その方法は、真理に目覚め、悟りを開くということです。

釈迦は、菩提樹の下で悟りを開いたとき「不死を見た」と言いました。不死は、永遠の安楽の世界のことですから、つまりは解脱したことを言ったのでしょう。

次に、涅槃とは、煩悩の火が吹き消された状態という意味です。煩悩とは荒れ狂う欲望や執着のことですから、涅槃とはそんな炎が吹き消されて穏やかになった境地です。

そして菩提は、梵語《ぼんご》のボーディの音写語で、「悟り」と訳されます。菩提は、釈迦が瞑想の中で論理的に究明し、把握した真理のことで、宇宙や人間の構造・真理をもって知ることといえます。

7 禅宗の始祖・ダルマと日本人の関係

雪ダルマ、ダルマストーブ、ダルマウィスキーなど、日本人はダルマに対して親近感を持っていますが、ダルマは元々人名なのです。

卍縁起物として人気のあるダルマ人形

毎年、初詣での沿道には多くの縁起物の店が並びますが、その中に、大小様々な赤いダルマ人形を売る店があります。ダルマはその形貌の丸さやギョロ眼は特徴的で、とても人気があるので、店には人だかりができていることもあるでしょう。

ギョロリと白眼をむいたまん丸のダルマには、必勝、大願成就、七転八倒というような言葉が腹に大書されています。人々は、そのダルマをつついて、揺れのいいものを選んで買って帰ります。

起き上がり小法師《こぼうし》のダルマは、日本人であれば、誰一人知らぬ物はない縁起玩物《がんぶつ》の一つです。

いわずと知れたことですが、ダルマというのは売られている状態では未完成です。ダルマを大事に抱えて帰る人は、年頭にあたっての想いを凝らして片方の眼に墨を入れ、やがて年の暮れを迎えたときに、反省と感慨をもって、もう一方の眼に墨を点じます。

要するにダルマは願かけの像であり、正面からしっかりととらえて眼をそらさない、不動の決意をそこから得ようとするのです。

卍俗信の対象のダルマさん

ダルマ人形のモデルとなったのは、まさに達磨《だるま》という名前のインド人の僧です。達磨は釈迦から二八代目になりますが、現在まで、禅宗のお坊さんはすべてこの達磨に連なるのです。

最澄が入唐した際、禅宗のお坊さんの系図である禅系譜として『達磨大師付法相承師《だるまだいしふほうそうじょうし》師血脈譜《しけつみゃくふ》』を著わし、それが定着しました。それにはしっかりと、禅宗を始めた物として達磨の名前が記載されています。

禅の神秘的な力に対する人々の思いが、ダルマ人形に対する人気を支えています。最初は疱瘡《ほうそう》撃退の赤い護符や像となり、いつしか厄除け、吉事福徳祈願《きちじふくとくきがん》（現世利益願望《げんぜりやくがんぼう》）にも用いられるようになりました。つまり、本願成就の決意がダルマとともに生きているのです。そこには、自力聖道門《じりきしょうどうもん》（自ら悟りを開く）といわれている禅宗の初祖達磨大師の面目躍如たるものがある気がしてなりません。

また、ダルマ人形は、ギョロ眼や丸さから、ダルマ船、ダルマ宰相、雪ダルマ……その他色々な呼び名に発展するなど、日本でとても親しまれています。そして達磨は、確かに日本へ渡っていたのでした。

8 比叡山は仏教がいつか来た道

最澄が建立した比叡山延暦寺は、仏教を教える登竜門として発展をとげ、鎌倉の新仏教の担い手もここで学びました。

卍様々な仏教の架け橋となった

比叡山は、古くから山岳信仰の場として栄え、七八八年に最澄が比叡山寺、すなわち延暦寺を建立し、今では全山が延暦寺になっています。また、奈良の南部仏教に対抗し、天台宗の総本山としても栄え、その後の鎌倉時代の浄土宗をはじめとした新仏教への架け橋になりました。

平安時代の終わりには、「賀茂川の水、双六の賽、（延暦寺の）山法師は意のままにならない」と、白河天皇を嘆かせるほどの一大政治勢力となり、さらに僧兵がその軍事力の中心となりました。

戦国時代には、盛栄を誇り、武力的な実力行使もできる腕力を持っていた延暦寺ですが、織田信長と敵対し、全山が焼き討ちになり、明智光秀の懇願もむなしく、多くの人々が殺されるという悲劇が起こりました。その後、豊臣秀吉や徳川家康の援助によって復興し、最近では、古都京都の文化財として世界遺産に名を連ねています。

卍 浄土真宗など五宗は比叡山出身

五宗（浄土宗、浄土真宗、曹洞宗、臨済宗、日蓮宗）は現在、仏教信者総数の約七割を占めますが、その開祖はいずれも皆、比叡山で修行しています。

最澄は、比叡山に大乗仏教（天台教学、密教、禅、戒）を融合した総合仏教を目指し、天台宗をつくりましたが、これが「一切衆生皆成仏（すべての人間は仏になる）」といった日本仏教の母胎となりました。平安時代中期から後期にかけての比叡山の発展は、日本新仏教の典型的な成功例です。

法然、親鸞、道元、栄西、日蓮といったお坊さんたちは誰一人として比叡山にとどまらず、各々が、独立した宗派を結成しています。

つまり比叡山は、お坊さんの卵に色々な教えを授け、一人前のお坊さんに育てる学校ではありましたが、その教えを実践する場ではなかったのです。

支配と被支配、大乗の理想と加持祈祷の現実、対立と融和、救いと絶望……と、様々な概念と行動を飲み込んだ比叡山は、今も根本中堂《こんぽんちゅうどう》とともに健在で、強い影響力を持っています。

回 真言宗の系図

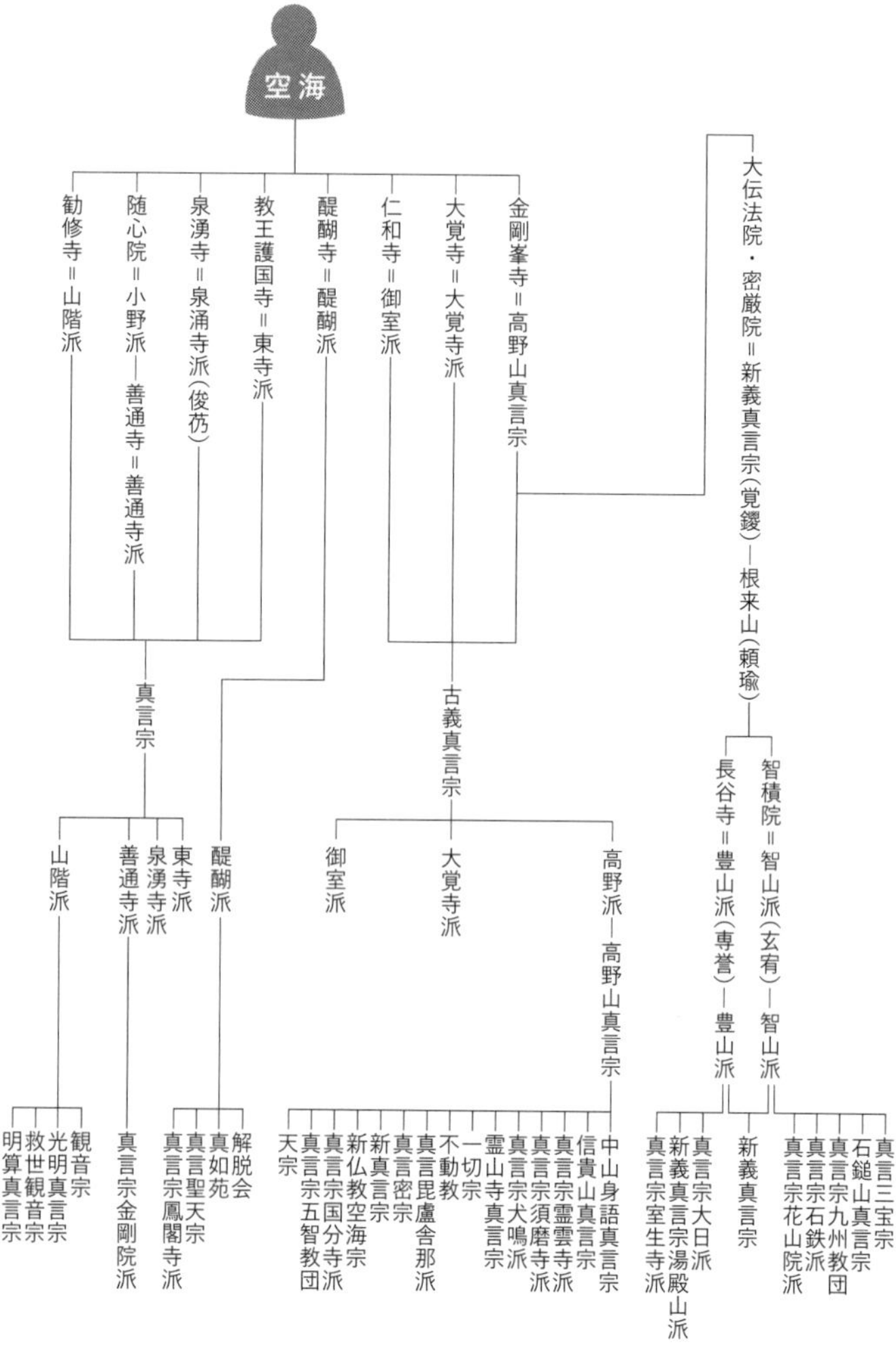
空海
勧修寺＝山階派
随心院＝小野派―善通寺＝善通寺派
泉涌寺＝泉涌寺派（俊仍）
教王護国寺＝東寺派
醍醐寺＝醍醐派
仁和寺＝御室派
大覚寺＝大覚寺派
金剛峯寺＝高野山真言宗
大伝法院・密厳院＝新義真言宗（覚鑁）―根来山（頼瑜）
真言宗
古義真言宗
智積院＝智山派（玄宥）―智山派
長谷寺＝豊山派（専誉）―豊山派
山階派
善通寺派
泉湧寺派
東寺派
醍醐派
御室派
大覚寺派
高野派―高野山真言宗
観音宗
光明真言宗
救世観音宗
明算真言宗
真言宗金剛院派
解脱会
真如苑
真言聖天宗
真言宗鳳閣寺派
中山身語真言宗
信貴山真言宗
真言宗霊雲寺派
真言宗須磨寺派
真言宗犬鳴派
霊山寺真言宗
一切宗
不動教
真言毘盧舎那派
真言密宗
新真言宗
新仏教空海宗
真言宗国分寺派
真言宗五智教団
天宗
真言宗大日派
新義真言宗湯殿山派
真言宗室生寺派
新義真言宗
真言三宝宗
石鎚山真言宗
真言宗九州教団
真言宗石鉄派
真言宗花山院派

回天台宗の系図

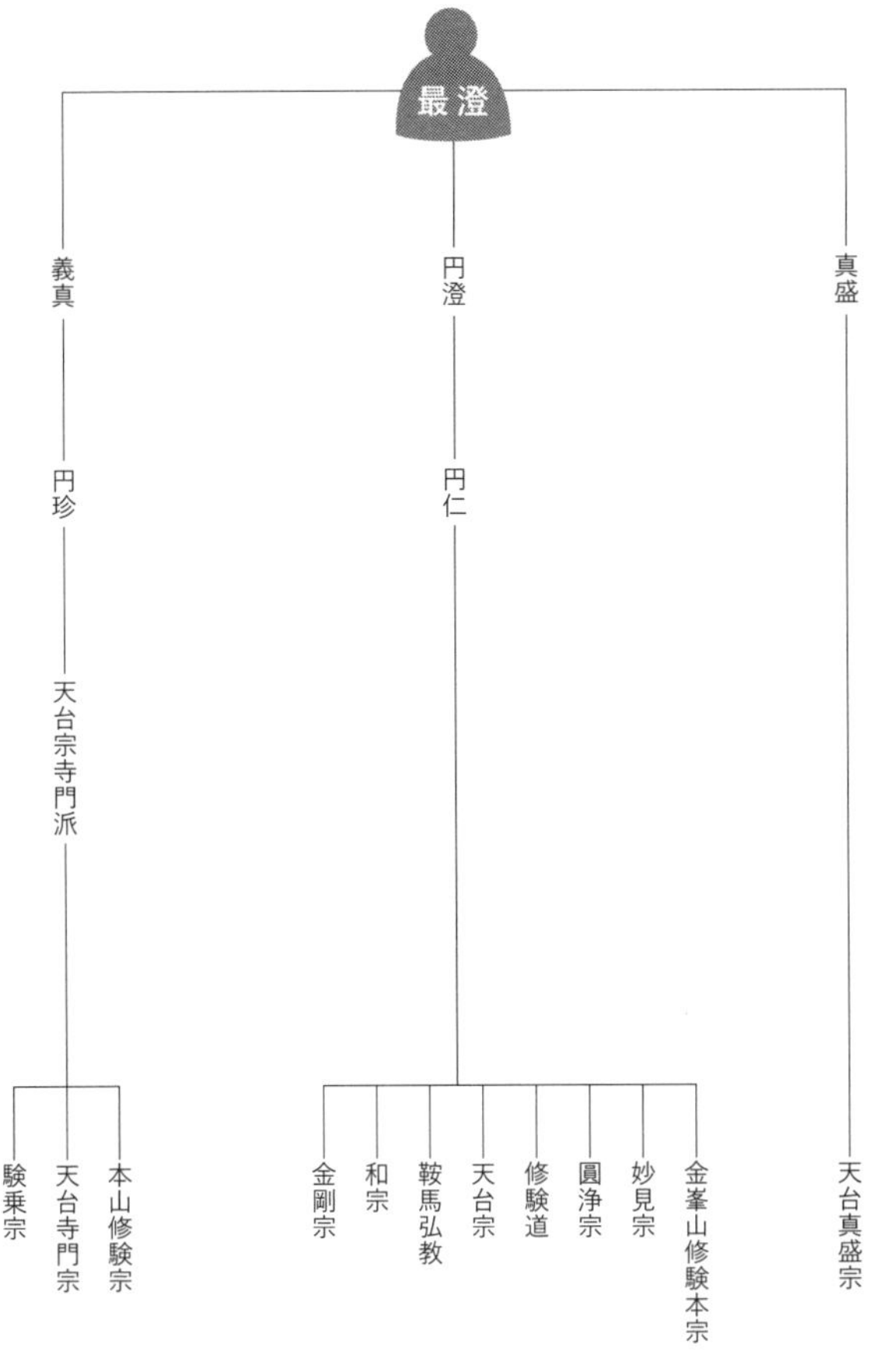
最澄
義真
円澄
真盛
円珍
円仁
天台宗寺門派
験乗宗
天台寺門宗
本山修験宗
金剛宗
和宗
鞍馬弘教
天台宗
修験道
圓浄宗
妙見宗
金峯山修験本宗
天台真盛宗

回 浄土宗の系図

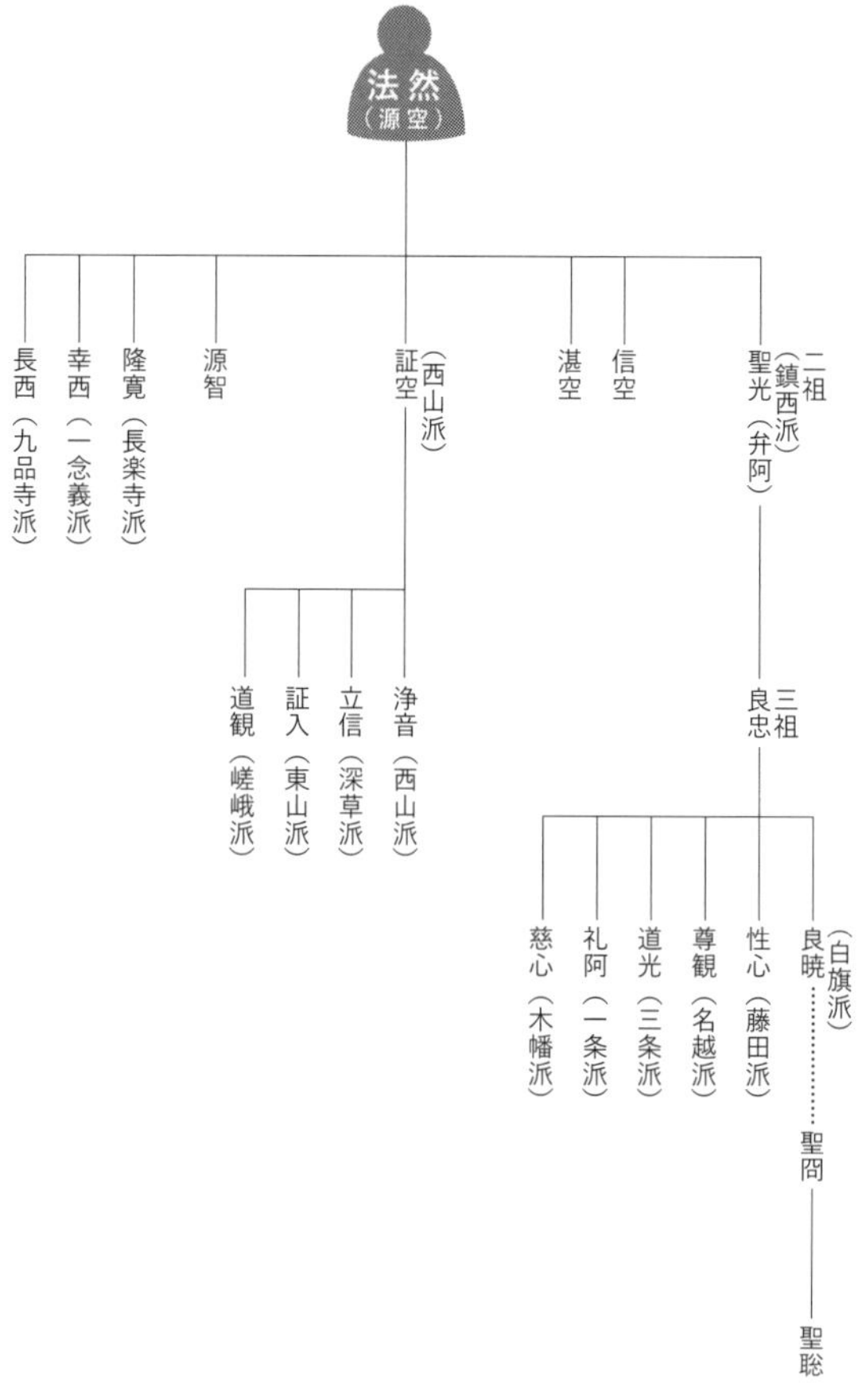
法然（源空）
長西（九品寺派）
幸西（一念義派）
隆寛（長楽寺派）
源智
証空（西山派）
湛空
信空
二祖（鎮西派）聖光（弁阿）
道観（嵯峨派）
証入（東山派）
立信（深草派）
浄音（西山派）
三祖 良忠
慈心（木幡派）
礼阿（一条派）
道光（三条派）
尊観（名越派）
性心（藤田派）
（白旗派）良暁
聖冏
聖聡

回浄土真宗の系図

（＝ は血脈、— は法脈を示す）

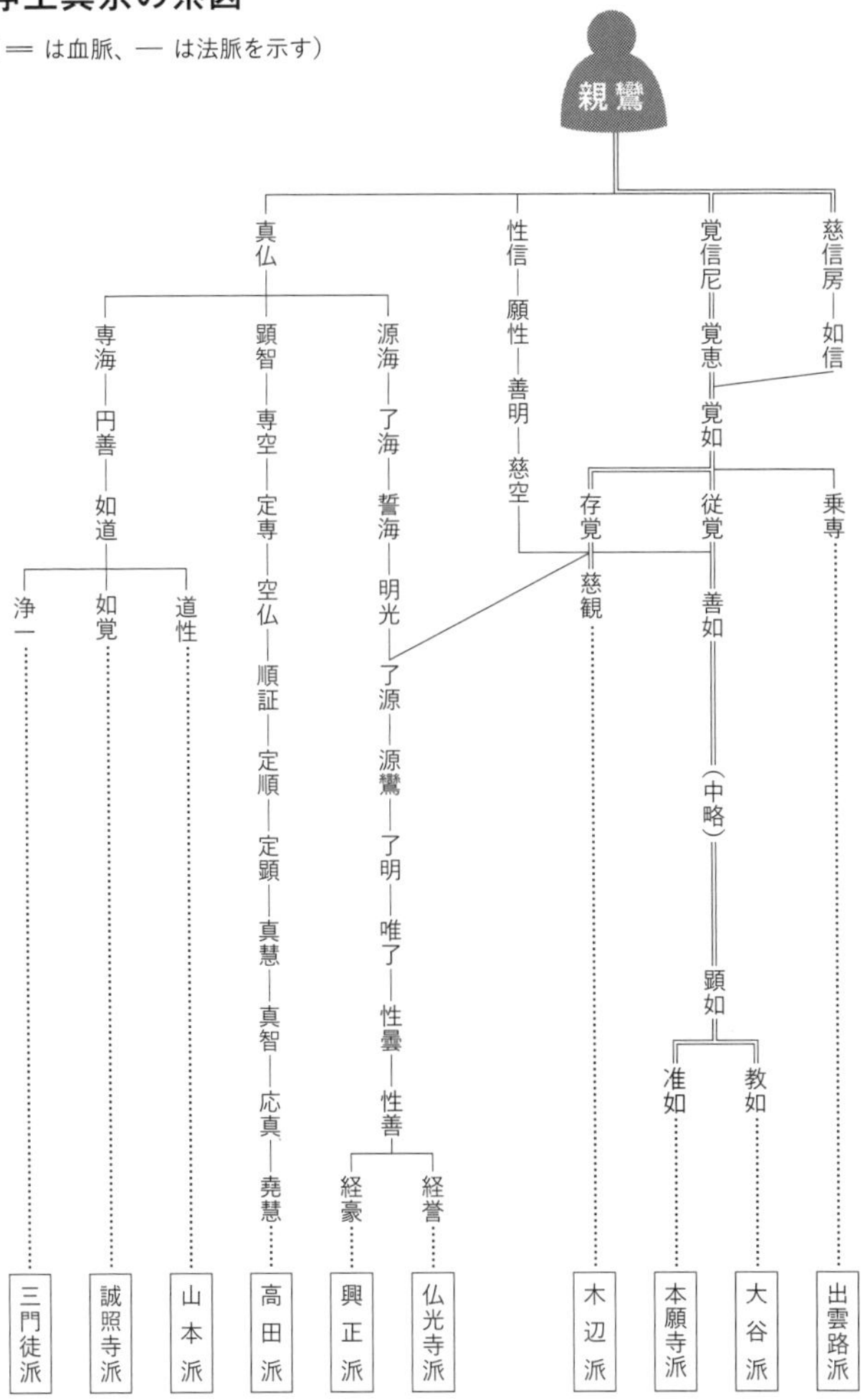

日蓮宗の系図

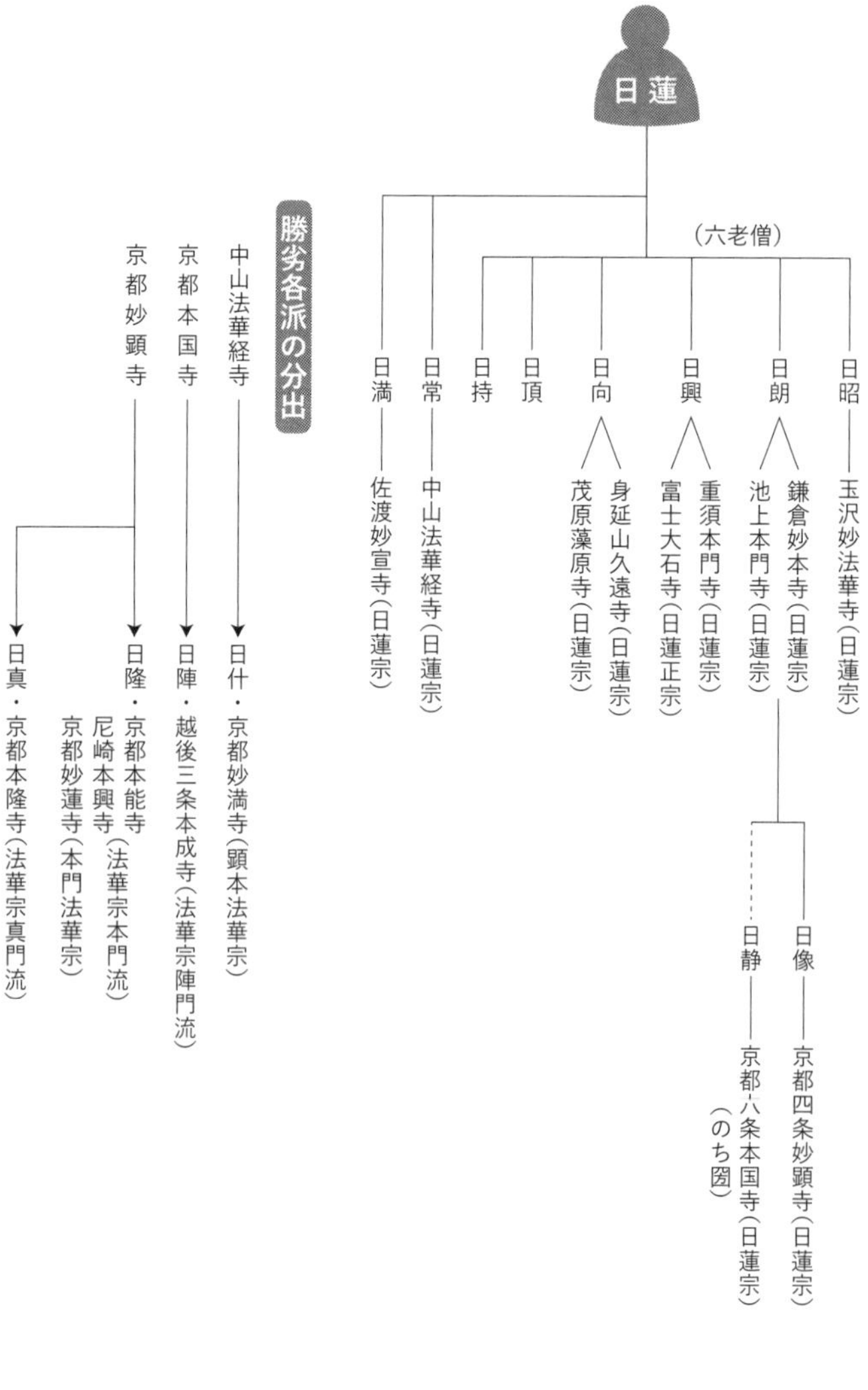
日蓮
（六老僧）
日昭
玉沢妙法華寺（日蓮宗）
日朗
鎌倉妙本寺（日蓮宗）
池上本門寺（日蓮宗）
日像
京都四条妙顕寺（日蓮宗）
日静
京都六条本国寺（日蓮宗）
（のち圀）
日興
重須本門寺（日蓮宗）
富士大石寺（日蓮正宗）
日向
身延山久遠寺（日蓮宗）
茂原藻原寺（日蓮宗）
日頂
日持
日常
中山法華経寺（日蓮宗）
日満
佐渡妙宣寺（日蓮宗）
勝劣各派の分出
中山法華経寺
日什・京都妙満寺（顕本法華宗）
京都本国寺
日陣・越後三条本成寺（法華宗陣門流）
京都妙顕寺
日隆・京都本能寺
尼崎本興寺（法華宗本門流）
京都妙蓮寺（本門法華宗）
日真・京都本隆寺（法華宗真門流）

曹洞宗の系図

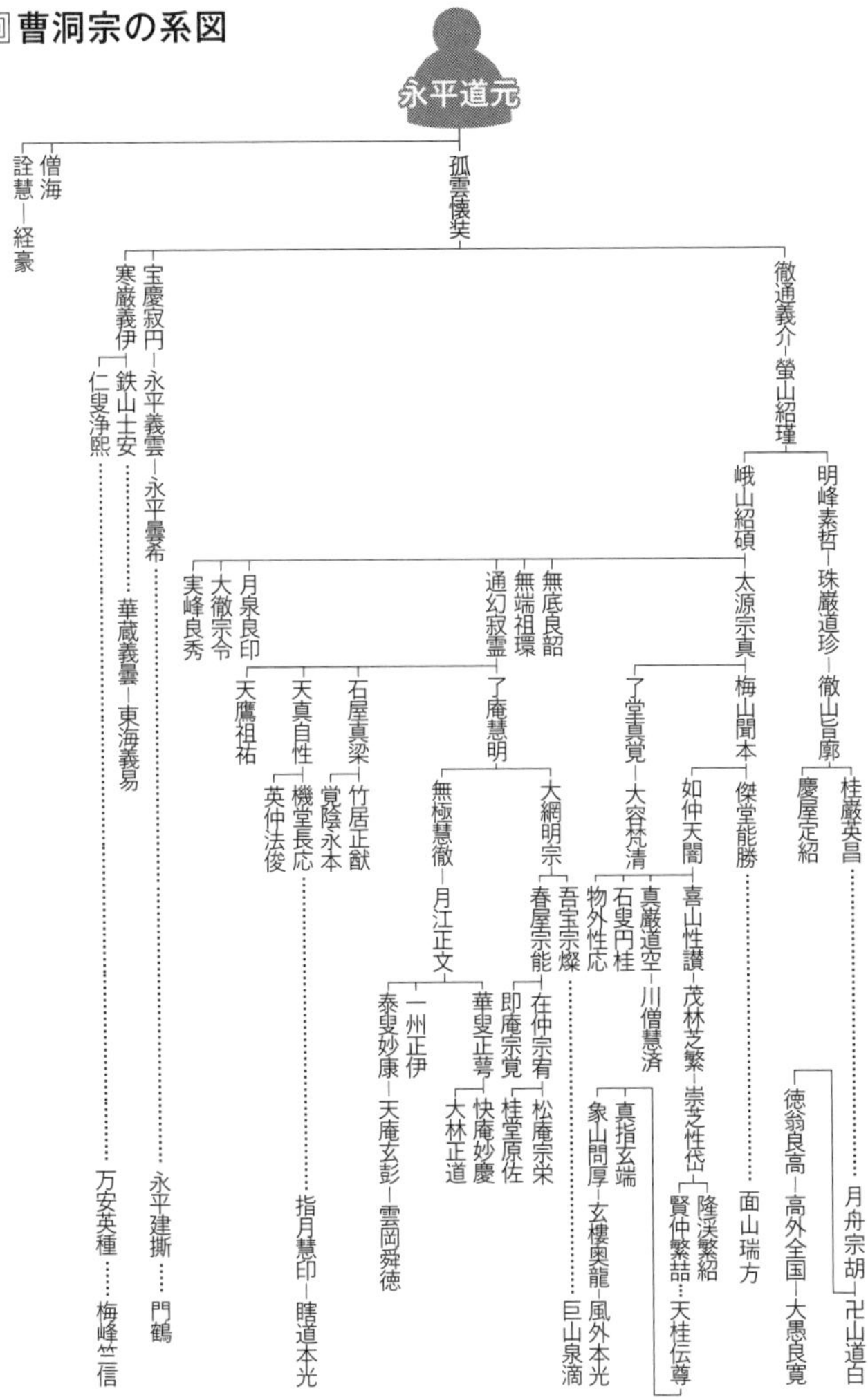
永平道元
僧海
詮慧
経豪
孤雲懐奘
寒巌義伊
宝慶寂円
徹通義介
仁叟浄煕
鉄山士安
永平義雲
永平曇希
瑩山紹瑾
峨山紹碩
明峰素哲
華蔵義曇
東海義易
実峰良秀
大徹宗令
月泉良印
通幻寂霊
無端祖環
無底良韶
太源宗真
珠巌道珍
天鷹祖祐
天真自性
石屋真梁
了庵慧明
了堂真覚
梅山聞本
徹山旨廓
英仲法俊
機堂長応
覚隠永本
竹居正猷
無極慧徹
大綱明宗
大容梵清
如仲天誾
傑堂能勝
慶屋定紹
桂巌英昌
月江正文
春屋宗能
吾宝宗燦
物外性応
石叟円柱
真巌道空
喜山性讃
泰叟妙康
一州正伊
華叟正蕚
即庵宗覚
在仲宗宥
川僧慧済
茂林芝繁
崇芝性岱
大林正道
快庵妙慶
桂堂原佐
松庵宗栄
象山問厚
真指玄端
隆渓繁紹
賢仲繁詰
徳翁良高
月舟宗胡
万安英種
永平建撕
指月慧印
天庵玄彭
雲岡舜徳
玄楼奥龍
風外本光
天桂伝尊
面山瑞方
高外全国
大愚良寛
卍山道白
梅峰竺信
門鶴
瞎道本光
巨山泉滴

回 臨済宗の系図

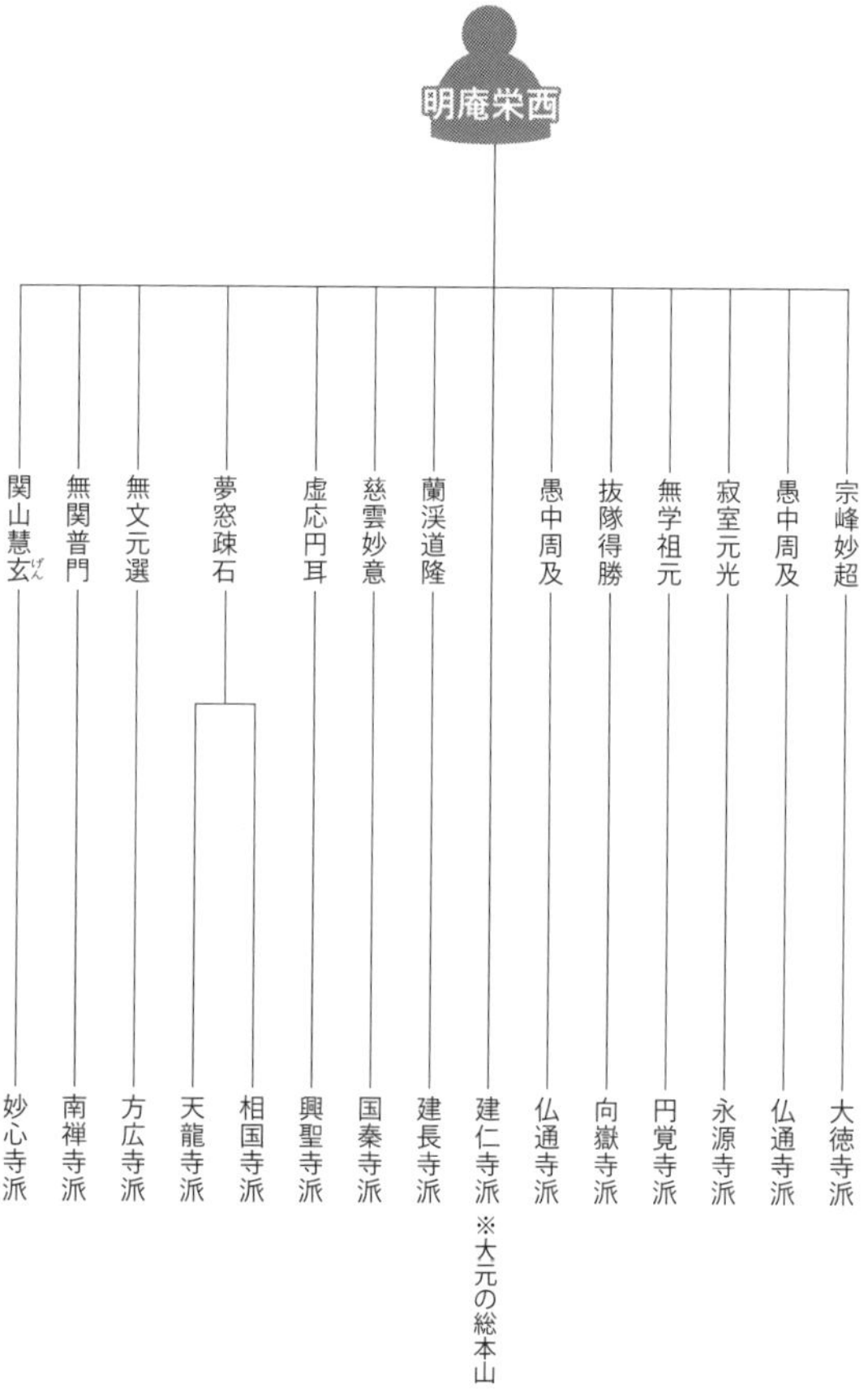

〈出処〉『日本仏教の宗派』田村晃祐編著　東京書籍

第4章　葬儀・お墓のはなし

1 檀家制度がお寺にもたらしたもの

檀家制度とは元々、江戸幕府がキリスト教禁止の一環として、キリシタンに対して改宗を強制するために制定した制度です。

卍キリスト教が広まるのを防ぐのが目的

一六三五年に江戸幕府が制定した檀家制度は、元々はキリシタンが広まるのを防ぐ目的でした。民衆をお寺に帰属させて、キリスト教信者でないことをお寺に証明させたのです。別名寺請制度ともいいます。

江戸幕府は一六二二年にキリシタン禁止令を出しましたが、一六三七～一六三八年に島原の乱が起き、制圧に多大の犠牲を要しました。

隠れキリシタンも依然として点在していたので、一六三五年に幕府は禁止令の徹底とキリシタンの組織的壊滅をはかり、キリスト教信者を探し出して仏教へ転宗させ、そうした改宗帰仏写から証印をとりました。

次にその制度の適用範囲を拡大し、すべての庶民は、各自必ず檀那寺《だんなでら》について、お寺の宗旨証明を受けねばならないことにしました。

回江戸幕府における仏教を管理する制度

▶ 檀家制度（寺檀《じだん》制度）の確立 ◀

➡寺請《てらうけ》制度と宗旨人別帳を作った。
　寺請制度…必ずどこかのお寺の檀家にならなければならない制度
　寺請証文の発行…檀家であるという身分証明書
　宗旨人別帳の作成…名前・年齢・家族構成などを記した戸籍台帳
➡宗旨人別帳などを管理する宗門改役を設置した。

▶ 本山末寺《ほんざんまつじ》の制（本末制度）の確立 ◀

➡お寺に本寺と末寺のタテ関係を導入し、また「寺院本末帳」を作るなどして、管理を徹底した。

▶ 寺社奉行の設置 ◀

➡各宗派に「触頭寺院《しょくとうじいん》」という窓口機関を作らせ、管理した。

▶ お坊さんをブレーンとして起用 ◀

➡崇伝・沢庵・天海など、仏教を管理する側にお坊さんを取り込んでいった。

卍お寺が庶民を管理する立場に

お寺はその檀家の家族全員の名前を記した宗門人別帳《しゅうもんじんべっちょう》（宗旨人別帳《しゅうしにんべっちょう》）を管理することになり、檀家における出生・死亡・旅行・移転・婚姻・奉公はすべてお寺に届け出なければならないことになりました。このことがきっかけで、お寺は、法要・墓地・位牌・過去帳など祭祀のことはもちろん、生活全般にわたって庶民に干渉する立場となったのです。

卍幕府権力の警察の役目を担う

この檀家制度によってお寺は、一種の戸籍事務を扱うとともに、専制的警察国家としての幕府権力の末端機構として、庶民支配に大切な役目を果たすようになりました。

さらに檀家制度が確立してくると、お寺には寺領収納の他に、檀家の盆暮の付け届けやお布施・奉賀という確実な収入が保証されるようになったのです。このように、江戸時代の太平の世では、お寺が繁栄を謳歌する状況が作り出されていきました。

それによって、幕藩領主は藩内の民衆が飢饉や災害にあったときは保護しなければならないのに、お寺はただ略奪だけをしているように見られ始めたのです。

一六六五年、江戸幕府は『寺院法度』を決め、お坊さんの生活規範を規正しました。その頃には、お坊さんも華美に溺れ、仏教の教義や戒律を守り、民衆から崇拝される立場ではなくなっていました。

2 檀家とお寺の危うい関係

より良い寺檀関係を築くためには、檀信徒の信頼の確保が必要ですが、現実と理想のギャップはあるようです。

卍 寺檀関係の形骸化

寺檀関係は江戸時代の寺請制度に始まり、檀家側にほとんどお寺の選択ができないまま現在に至った経緯があります。最近は都市部を中心に、家意識が崩壊し始めたことで、寺檀関係はますます形骸化しているように感じられます。

若年層は自分が家を継ぐという意識が希薄であり、さらに年配層も、自分の子供にお寺を護符（事業継承）する面倒までかけたくないと気遣いしているケースが増えてきているのです。寺檀関係を結ぶのが嫌で、霊園墓地を選ぶ人も多くいます。

お寺サイドにしても、寺檀関係に守られている状態に安住して、檀家への教化活動が疎かになったことへの反省は多いに必要でしょう。普段、話したこともないお坊さんから、葬儀や寄付のときに杓子定規に金銭を要求されれば、お寺に対して営利企業的な悪いイメージを持つのは当然のことです。さらに、お布施の金額を、葬儀はいくら、四十九日はいくらと一律に決められたら、経済的に払えない檀家は苦悩するでしょう。そういう意味でも、寺檀関係の形骸化は大きな問題であるといえます。

卍 本来の寺檀関係とは

お坊さんの自覚・責任とは、仏祖の教えを体し、自坊を護符すると同時に、檀家の信頼と尊敬に値する存在であるよう努めることです。

一方、檀信徒の自覚・責任とは、お坊さんへの信頼を通して、信仰の場であり、先祖の安らぎの場でもあるお寺を守り、支えてゆく意識を持つことです。

寺檀関係における問題は色々ありますが、いくつかの例を以下に列挙しましょう。

⬇お寺やお坊さんに対する不信・不満を抱いたケース

①お布施を見て、副住職がこんなお布施では、と読経を拒否した。もう離檀（そのお寺の檀家をやめること）しようと思った。

②最初に戒名料の額を聞いたら「適当に」といったのに、後で法外な金額を請求された。

⬇お坊さん・檀家双方の自覚・責任感の薄れが感じられるケース

①寄付をしないため、お寺から冷たくされている。

②夫の葬儀で院居士号《いんこじごう》をもらったが、その後のお寺との付き合いでお布施が高くて困っ

ている。

⬇宗教離れに関わるケース

①無宗教葬をしたいが、菩提寺に断られた。

②自分が亡くなった後は、子供に迷惑をかけたくないので葬儀はやりたくないと言ったのだが断られた。

3 葬儀マーケットは三兆円市場

お坊さんの領域であるはずの葬儀は、またたく間に葬儀屋主導のビジネスへと変貌を遂げていきました。

卍お坊さん主導から葬儀屋主導へ

以前はお葬式といえば、お坊さんの専売特許でした。葬儀の一部始終にわたって、お坊さんがその進行の主導権を握って、ついでに法外なお布施(ギャラ)も手にしていたのです。ところが、現在はどうでしょう。葬儀場では、お坊さんはお客様扱いされ、まるで借りてきた猫のようです。いや、お客様どころか、葬儀場の祭壇の付帯品かもしれません。葬儀場のお坊さんは、言葉は悪いですが、葬儀屋があらかじめ用意したパンフレットに含まれるメニューの一品といったところでしょうか。

実は葬儀業界は、三兆円マーケットと呼ばれています。このおいしい市場に葬儀屋が参入してきたことで、ビジネスのことなどからっきしのお坊さんは、なすすべもなく現在のような立場に甘んじることになったのです。

諸外国の仏教徒に、さんざん葬式仏教と嘲笑され続けてきた日本仏教ですが、いまや、その最後の「葬式」という領域までが消滅寸前の状況です。実際、葬儀の依頼先についてのアンケート調査の結果などを見ても、圧倒的多数を占めるのは、どこの地域でも葬儀社となっています。

卍葬儀屋の台頭は檀家制度の崩壊が理由

最近になって葬儀屋が急激に市場拡大してきた背景には、お寺の檀家制度の崩壊があげられます。

特に人口の出入りの激しい都心部においては、自分の菩提寺を持つ家は非常に少ないものです。それどころか自分の家の宗派すらわからない人が大勢います。まさに無宗教漂流国家ニッポンです。

もちろん、そんな人たちが葬儀のイロハなど知るはずもありません。そこに、「すべて私どもの会社で請け合いましょう」といった葬儀屋の甘い誘惑があれば、人々がその誘惑に飛びつくのは自然なこと。結局、それ以降、葬儀屋にはおもしろいくらいお客が集まり、収益は伸び続けました。

卍相場（実体）のない葬儀価格

葬儀の費用はいい値で決まります。一〇〇〇万円といえば一〇〇〇万円ですし、一〇万

回 葬儀費用の主な内訳

（★印は料金を上乗せされやすい項目）単位：万円

葬儀会場など

テント設営費	0〜200★
正面看板代	1〜50
式場使用料	1〜400
寝具用品	1〜800
祭壇・花祭壇	15〜800★
高張提灯（家紋入り）	3〜4

サービスなど

セレモニーコンパニオン	0〜（葬儀社規定）★
サービス料	
運営管理費	
企画管理料	
司会者（1日）	3〜5

飲食接待など

飲み物	実費
告別式食事（1人）	0.4〜2
返礼品（1個）	0.1〜0.5

遺体・火葬など

棺桶	10〜500★
霊柩車	2〜5
火葬代	5〜20
骨壺	1〜5
ドライアイス（10kg）	0.7〜1
遺体化粧代	6〜20
遺体保管料（1日）	0.4〜2
寝台車（自宅・病院・式場間）	距離次第

円といえば一〇万円です。そもそも葬儀に相場価格などないのです。

なかには「一番高い葬儀をお願いします」という、ウレシイ要求をしてくる見栄っ張りな人もいます。

こうして葬儀業界は、またたくまに年間三兆円もの巨大マーケットへと発展しました。それまではお坊さんが独占していた収益をあっさりと奪い、さらにその収益を一五〇倍近くにしたのだからあっぱれです。

ちなみに、日本消費者協会の二〇一〇年のアンケート調査によると、葬儀費用の平均総額は一九九万円です。欧米での平均は二〇万から五〇万、庶民だと墓なしというケースもあるそうなので、大きな意識の違いを感じます。

4 日本の葬儀代が高いのはナゼ？

以前はお坊さん主体であった葬儀ですが、最近は葬儀屋が一手にプロデュースして、葬儀代はどんどん割高になっています。

卍葬儀代の六〜七割以上が葬儀屋の懐へ

葬儀でそれこそ「坊主丸儲け」だったお坊さんでしたが、葬儀屋の出現で、今やその縄張り自体、すっかり荒らされています。お布施にしても、戒名料にしても、葬儀屋の介在なくしては受け取れない構造になりつつあるのです。

とりわけ、都心部では大半の葬儀には葬儀屋が入り込んでおり、彼らは荒稼ぎに精を出しています。葬儀代の相場はだいたい二〇〇万円ぐらいですが、お布施、戒名料の価格は、葬儀屋が遺族との相談で勝手に設定して、その六〜七割以上が葬儀屋のポケットに入るしくみになっています。これは単にお坊さんの取り分が減るというだけでなく、結局は〝消費者〟につけが回るということなのです。

卍お坊さんにもメリットはある

しかし、葬儀屋が介在することは、お坊さんにとって必ずしもマイナスというわけではありません。

お坊さんはあくまで御仏のお使いであり、表立って商売根性は出せません。また大儲けするにも、相当口のうまいお坊さんでないと商談はなかなか成立しません。

しかし、仲介役として口のうまい葬儀屋が間に入れば、話はトントン拍子に進みます。段取り良く葬儀を進行してくれる専門家に、「あのお坊さんであれば、一五〇万円くらいお包みするのが良いでしょう」といわれれば、妙に納得してしまいます。つまり葬儀屋のおかげで、遺族が気持ち良く大金をはたいてくれる場合も多いのです。また、葬儀屋という第三者の紹介だからこそ、お坊さんの格が高く感じられるというメリットもあります。

卍 葬儀屋の手でイベント化した葬儀

葬儀屋に縄張りを荒らされている現状ですが、お坊さんたちが三兆円といわれている葬儀市場を取り返すことはできません。

なぜなら、葬儀自体がすっかり様変わりしてしまっているからです。特に都会での葬儀は、すでに死者を葬る儀式ではなく、遺族の私財を世間に披瀝《ひれき》する一大イベントと化してしまいました。現在の葬儀のメインは、華々しい祭壇、参列者の顔ぶれ、そして仰々しい装飾に満ちた式典会場の三点セットです。そしてそれらを統括するのが葬儀屋なのです。

そんな中では、お坊さんの読経など、単なる前座に過ぎないでしょう。

5 葬儀に対する意識は大きく様変わり

通過儀礼としての葬儀は、人が一生に経験する誕生・成人・結婚・死亡などを尊重するものでしたが、いまやその現状は大きく変わってきています。

卍 菩提寺を持たない人が増えてきた

無宗教葬や散骨（自然葬）や音楽葬といった、従来の葬儀ではないスタイルに対する関心が、少しずつですが高まりを見せています。このような葬儀の密葬化は、本葬を前提としたものではないため、このことが菩提寺とのトラブルの原因となることもあります。

菩提寺とは、先祖の墓があるお寺、または先祖の供養のために新たにお墓を求めたお寺のことで、檀家である信者サイドから見た呼称です。一方、檀家寺とは養ってくれる家のこと、つまりお寺サイドから見た呼称です。

菩提寺と檀家の関係が密接であった時代とは異なり、最近では都会を中心に菩提寺を持たない人が増えてきており、専門の業者が介在して葬儀を執り行うのが主流になっています。

卍 通過儀礼の本来の意味

葬儀は消費としての側面が強くなっています。いい方を変えると、通過儀礼としての葬儀の位置付けが揺らいでいるのです。

元々、通過儀礼とは、人が一生に経験する誕生・成人・結婚・死亡などの儀礼習俗で、尊重されるべきものでした。葬儀はもはやうわべだけの通過儀礼となりつつあるのです。もちろん、時代に合わせて葬儀の在り方が変化していくことは、一概に悪いことであるとはいえません。しかし、葬儀において、最も重要な要素だったはずの信仰までもがなおざりにされつつある現状には、今一度思いを致すべきではないでしょうか。

卍儀礼にこだわらない葬式が増加

葬儀に対しての意識の変化のアンケートを見ると、菩提寺なしの場合、宗教色は必要ないと答えた者が一七％、さらに葬儀は必要ないと答えた者が二〇・三％もいました。「わからない」という者を加えると、葬儀を必要と考えていない人は過半数を超えました。

また、平成一三年の時点ですでに、読売新聞「宗教観　本社全国世論調査」によるアンケートで、自分の葬式について、「身近な人だけの形式にとらわれない葬式にして欲しい」が六七％、「世間並みの葬式をして欲しい」は三二％という結果が出ています。これは三年前の同調査に比べて、前者は六ポイントの増加、後者は四ポイントの減少でした。つまり一〇年以上前から、いわゆる宗教儀礼としての通過儀礼にこだわらない傾向は、徐々に高まりを見せていたのです。そう考えると、葬儀の現状にも頷けるでしょう。

6

戒名の種類と値段が知りたい

戒名とは元々、授戒やおかみそりという帰敬式の儀式をすませて、釈迦の教えに帰依したという証でした。

卍戒名は故人の家の人間模様が見える

通常、戒名はお通夜の席で喪主から依頼を受けて、お坊さんが翌日の葬儀までに考えます。戒名を決めるときは、その家の人間模様がありありと見えてきます。なぜなら戒名には値段によって差があり、どれにするかはとても悩ましいからです。

たとえば、□□院△△○○居士《こじ》という戒名の場合は、○○の部分が戒名です。□□は院号《いんごう》、△△は道号《どうごう》で、居士というのは位号《いごう》です。

戒名は○○だけで本来十分ですが、あとはお金を余計にかけた部分に様々な名前がつくのです。

卍戒名の種類と値段

一般につけられている戒名を、高額順に紹介しましょう。なお、( )内は女性の場合です。

①○○院殿□□△△大居士（清大姉《せいたいし》）

②○○院□□△△居士（大姉《たいし》）
③○○院□□△△信士《しんじ》（信女《しんにょ》）
④○○△△信士（信女）
⑤○○△△童子（童女《どうにょ》）
⑥○○信士（信女）
⑦△△核士《かくし》（核女《かくにょ》）
⑧△△嬰子《えいし》（嬰女《えいにょ》）
⑨△△水子《すいし》
⑩水子《すいし》元霊《げんれい》

たとえば一番高額な戒名にあたる、大居士または清大姉という言葉は、○○院殿という特別な場合に限られます。

居士（大姉）は成人以上の男女、信士（信女）は一五歳以上、童子（童女）は四歳以上一四歳までで、核子（核女）は二、三歳、嬰子（嬰女）は一歳、水子は流産または死産の胎児に対しての位号です。

これらの値段は、お坊さん、宗派、さらにお寺の格によっても違います。

たとえば、①の大居士や清大姉は五○○万円するのもあります。②あたりは、五○万円が相場です。③で一五〜二〇万円程度です。

もちろん、これらはあくまで目安で、戒名の値段はケースバイケースです。

ちなみに戒名は死後に命名するのが普通ですが、逆位牌といって、生前に菩提寺に依頼して戒名をもらい、位牌をつくるケースがあります。このときに書く戒名の文字は朱色です。また、夫婦そろってつくった逆位牌は寿牌《じゅはい》といわれ、おめでたいものとされています。

卍 戒名と祟り

日本人がこれほど戒名に執着してきた理由として、祟りへの畏怖の念が挙げられます。これは、「人は死ねば祟りの神に変わって現世に恨みを残すものに対して災いをもたらす」とされた古来からの神道の発想に由来するものなのですが、戒名をつけないと成仏できないと本気で考えてしまう人が、今でも少なくありません。枕元に立つくらいならまだしも、家に取り憑いて災いをもたらす、などと言われると心配になるのでしょうか、中には大騒ぎでお寺に飛び込んでくる人もいます。

悪徳坊主はこれに対して「まさしく祟りでしょう」などと言って、多額の除霊料を手に入れます。多少、ハッタリで値段を高く言ったところで、祟りを恐れる人々は、確実に支払ってくれるのです。もっとひどいケースだと、適当なお経を読んだ後に、新しい戒名をつけさせて、高い戒名料をふんだくっています。とはいえ、心理的なものなのか、このような除霊でもそれなりに効果があって、心身の病が治っていくケースもあるので悩ましいところです。

しかし、世の中のお坊さん、とくに日本のお坊さんの中で、除霊のやり方を知っている者など、皆無に等しいでしょう。なぜなら、仏教系の大学での勉強や、お坊さんの認定試験にも、そんな項目は存在しないからです。そうそう独学で習得できるものでもありませんし、つまりはただの迷信信仰です。

祟りとは、いわば心にやましさを抱えた人々が、罪の呵責で生み出してしまう産物のようなものです。当然、高い戒名を買ったところで、それが取り除かれるわけではありません。

7 お墓は仏教伝来と密接な関係あり

死の汚れや忌みを気にすることなく、墓石を建てて祖先の供養をするようになったのは江戸時代以降です。

卍お墓と仏教の密接な関連

一般的にお墓が建てられるようになったのは、仏教伝来と密接な関係があるようです。それ以前の墓地は、単なる遠隔地の死体遺棄の場に過ぎませんでした。遠くに墓地を置いたのは、遺体が近くにあると、死者の霊に祟られるのではないかと人々が恐れていたからです。

しかし、死の穢れや忌みをいとわない仏教の伝来によって、その意識は変化していきます。仏教では、私たちの肉体は、地・水・火・風の四大《しだい》でできており、往生するということは、四大が分散することに過ぎないとしています。生も死も、物事の始めであり、終わり。つまり、死は忌むものではないし、恐れるものではないというのが仏教の考え方なのです。

また、昭和二三年に施行された、墓地埋葬等に関する法律には、「墳墓とは、死体を埋葬するか、焼骨を埋蔵する施設をいう」とあります。つまり法的には墓とは、単に遺骨を埋葬する施設のことなのです。

卍日本のお墓の起源

日本書紀によると、「墓」という言葉は、七世紀にすでに存在していました。王の墓は、広さ九尺四方、外まわりは九尋《じん》四方とあります。また高さは五尋だったそうです。

一尋は約一・五メートルまたは一・八メートルですから、四方が一〇メートル以上もあったわけです。有名な古墳クラスのお墓だったのでしょう。

ちなみに日本書紀では、一般人は土におさめる土葬とされていますが、さらに歴史をさかのぼると、死者が出たときには、日本では死体は遺棄されていたのです。死体は忌み穢れが感染しないように、住まいからできるだけ遠い山中である遠隔地に捨てられていました。

この風習はかなり後の時代まで続いていて、平安時代でもお墓はまだ一般庶民の間にはそれほど定着していませんでした。ごく普通に墓をつくるようになったのは室町時代の頃で、墓石を建てるようになったのは江戸時代も中頃のことです。

ちなみに現在では、墓地一平方メートル当たりの料金は、お寺だと永代使用料が一五〇〜二〇〇万円、年間管理料は二〜三万円。これが公営の墓地だと、永代使用料は十八〜三〇万、年間管理料は七〇〇〜八〇〇〇円、民営だと七〇〜九〇万円、年間管理料は五〇〇〇〜八〇〇〇円程度です。

卍 昨今のお墓事情

昨今、お墓に関して、改葬の相談が増えています。改葬というのは、一度お墓や納骨堂に納められた遺骨や遺体を、別の場所に移す、いわばお墓の引っ越しです。上京や移住によってお墓が遠くなった人が、やはりお墓は自宅の近くがいいということで、こうした相談にくるのです。

改葬の際に注意が必要なのは、地方のお墓は面積が広く、都心のお墓は面積が狭いケースが多いということです。石碑ごと移動する場合、今ある石碑が入るくらいの広い面積の墓地を選ぶ必要があります。

また、基本的には、お墓の所有者が自由に改葬するかどうかを決めることができますが、一度埋葬した遺骨を勝手に動かすことは法律違反となります。改葬の際は、役者や管理者に許可を得る手続きが必要です。

さらに、お墓を移す場合、今のお墓が地方の寺の墓城にあるケースがほとんどです。その場合、寺の檀家でなくなる「離檀」を切り出さなければならず、お布施を包んだ方が良い場合もあります。親戚の反対なども予想されるので、事前に相談することも必要でしょう。

8 納骨堂にも格付けがあるの？

納骨堂は手頃な値段で遺骨を収容するレンタルスペース。都心部での人気はうなぎ登りです。

卍 納骨堂は仏壇のマンション

日本には、五〇年位前から納骨堂というものが出現しました。

納骨堂とは、墓地を所有していない家庭や、墓地が高額で手が出せない家庭を対象に、手頃な価格で遺骨を収容するスペースを貸す、いわば仏壇のマンションのようなものです。

納骨堂は発売当初から爆発的に売れ、いまだ新築すれば利用希望者が殺到するという状態です。都心部という、とりわけ人口に比べて墓地が不足している地域では、かなり高額な値段であっても、納骨堂を求める人は後を絶たないようです。

卍 納骨堂に格付けしたお坊さん

地方都市の市街地に、とあるお寺がありました。そのお寺の納骨堂は、立地条件があまり良いとはいえないためか、安い値段でしたが借り手が見つかりませんでした。

どうにかして、現状の価格よりも高い値段で貸し出せないものか、そのお寺のお坊さんは思案しました。

そして、納骨堂を新築したときに、各々の納骨の位置によって、値段に格付けをすることを考えついたのです。ご本尊の仏様に近い位置からAクラス、Bクラス、Cクラス……と序列を付けることによって、値段に差をつけ、御本尊に近い位置であるAクラスほど仏のご利益が多く、ご光明にあずかれることまちがいなし、という宣伝文句を謳ったのです。

卍高格付けスペースを増やして収入増

前述のケースでは、同じ納骨堂でありながら、場所によって数万～数十万円もの違いがありましたが、予想以上にこのアイデアは受けて、大ヒットとなりました。しかも、高い格付け（つまり高額スペースのAクラス）に申込が殺到したというのですから、一般大衆の見栄張り意識は恐ろしいものです。

希望した高格付けのスペースに空きがないときには、安いスペースに甘んじるのを拒否して、空きがでるまで待っている檀家も多いそうです。

そのお寺では、仏を反対側に新たに設置することで、格付けの高いスペースを増やしたいと考えているようですが、いやはや、何ともアイデアマンのお坊さんです。

9 中国製が急増中！石材のカラクリ

中国製の墓石の人気が高まっています。中国製は、日本までの運賃を含めても、はるかに低額です。

卍中国製は値段的にはるかに安い

石材店が「ウチは工場を持っていますから。原石を仕入れて自社で加工するので、どこよりも安く墓石ができますよ」などといっていたら要注意です。なぜなら、工場を持っている国内の石材店よりも、大量に製造する中国の加工品を輸入したほうがはるかに安価だからです。

市中の石材店は小売店ですから、せいぜい月間の製造量は一〇基程です。それに比べて、中国の石材工場は大がかりな製造卸専門ですから、月間何百基もつくっています。

中国での一基当たりの原材料コストは、日本の一〇分の一以下、また、日本の職工の月給が三〇万円以上なのに対し、中国の職工の月給は平均七〇〇〇円程度です。ここでも中国は日本の四〇分の一以下なのです。日本までの運賃を差し引いても、明らかに中国製のほうが安いことがご理解いただけると思います。

日本の石材店が自社の工場で加工した石材は、すべて平面的で、丸や抉り等の曲面加工

回お墓の断面図

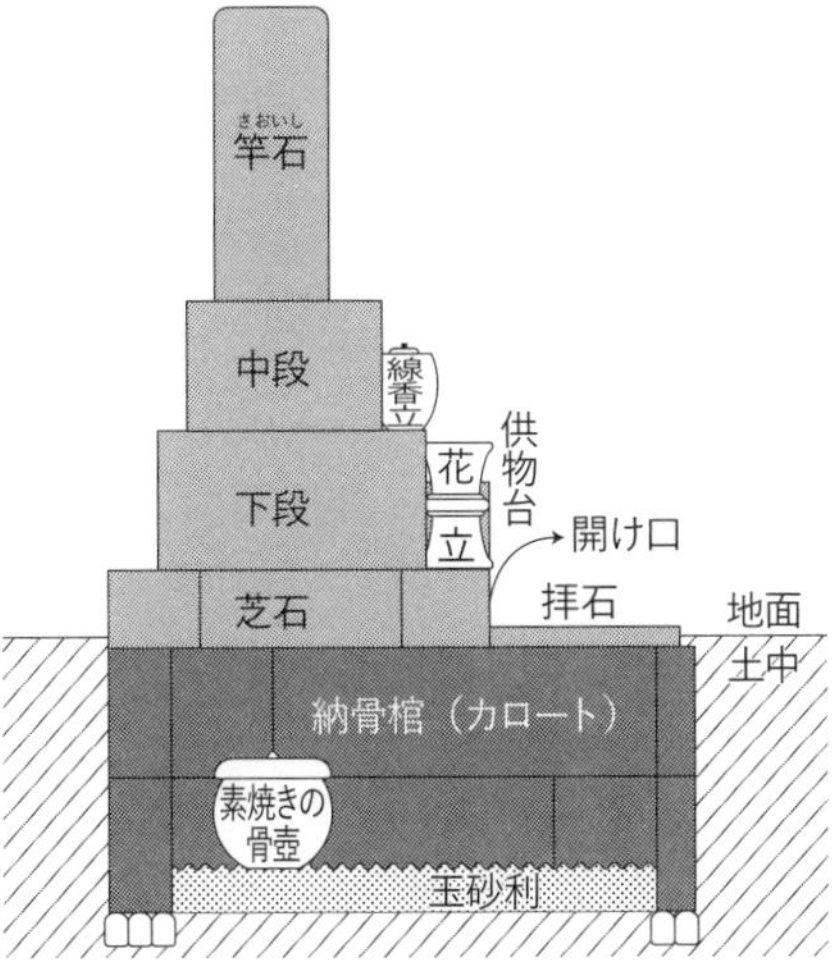

は少なくなっています。それ以外のデザインについては追加料金が請求されます。

石材の加工度は、加工に費やす作業量に比例し、賃金コストは労働時間に比例しますので、賃金の高い国内で加工すると高くついてしまうのです。

ちなみに、日本に中国製の墓石は四〇%ぐらいあると推測されますが、戒名は日本で掘ってもらうことになります。これも石材屋の仕事の一つなのです。

卍「中国の墓石は質が悪い」のウソ！

日本国産の石がなぜ高いのかというと、日本に非常に質の良い石があるから……ではなくて、単に国土が狭いため原石の埋蔵量が少なく、工賃が世界一高いからです。ちなみに韓国の墓石は一昔前までは安かったのですが、近年は、工賃が日本並みに上がり高くなりました。

中国の墓石が安いのは、前述のように工賃が日本の四〇分の一と極めて低いことと、国土が広くて原石の埋蔵量が豊富だからです。

そもそも地球の陸地は、元々一枚のプレートだったものが割れて移動し、現在の大陸になっているのです。ですから、どこの国でも平均して良い石も悪い石もあり、日本だから良い、中国だから悪いというのはあり得ないのです。

第5章　お坊さんにまつわる素朴な疑問

1

お坊さんの出世は年功序列なの？

お坊さんに官位が与えられたときにランク分けが決まりました。寄付で昇進する可能性が高まるのは、俗な世界と似たようなものです。

卍お坊さんのランクは約一三階級

日本でお坊さんが官位を得たのは六二四年です。その官位の決め方の基準として、政府はお坊さんの年功序列を導入しました。以来、現在でもお坊さんの世界には、それにもとづいた上下関係があります。

剃髪《ていはつ》したての門前の小僧から、最高位の大僧正・老師まで、いくつかランクが設けられており、宗派によってまちまちですが、およそ一三階級くらいあります。

卍本山に多額の寄付をしたら出世？

表向きは修行を重ねていくことで、順々に位が上がっていくことになっていますが、それを真に受けてただ生真面目に修行したとしても、上にのぼっていくことはできません。一生をかけても不可能だ、と断じてしまってもいいでしょう。

夢を壊すようですが、お坊さんの世界においても、出世にはある程度のお金が必要なのです。

戦後、各お寺が単立法人になったことで、宗派内の格式ランキングは、形式上なくなりました。とはいえ、本山を頂点とするピラミッド型の封建制度がすべて一掃されたわけではありません。たとえば、寺院名簿を見ると、いまだに明らかに各お寺の格式が書き記されています。

その出世の一番の近道は、本山に多額の寄付をすることです。この方法を使えば、特別昇進で、どんどんと、面白いくらいに昇進していけます。ですから、お金を持っているお坊さんは当然有利です。お金さえ積めば、年齢に関係なく出世が可能ということなのです。

卍お寺には格式で差がある？

浄土真宗を例にとると、それぞれの末寺に対して、抱える檀家一軒当たりの割り当て冥加金が課せられており、まずこの冥加金をすべて本山に納めることが基本になっています。なかには八〇〇万円納めるところを六五〇万円しか納められないといったお寺もありますが、これだと出世は望めません。たとえ金額が低くても、毎回しっかりノルマ分を納めていれば、出世コースの道は開けます。当然、本山にノルマ以上の付け届を熱心に行えば、とても有利になります。

しかしながら、生まれたお寺の格が低ければ、人の倍以上の寄付でもし続けない限りは、一定以上の出世は不可能です。要するにお金があっても、本人の努力や能力だけでは、太刀打ちできない一面もあるのです。

なお、現在では、浄土真宗では寺の格式は廃止されています。

2 お坊さんの服装は仏教の北方伝来で発展

仏教が温暖なインドから北方の中央アジアや中国などへ伝えられるにしたがい、袈裟にも工夫がこらされていきました。

卍基本は衣と袈裟の二種類

現在でこそ背広姿のお坊さんもいますが、これを称して洋服法衣ともいいます。しかし、お坊さんの服装は、たとえ正装であろうと略装であろうと、衣と袈裟の二種類から成り立っているのが普通です。

袈裟は、インド初期の仏教教団の出家したお坊さんが用いた三衣が変化したもので、当時のお坊さんの持ち物といえば、三衣《さんね》一鉢《いっぱつ》（三種類の衣と一つの鉢）だけでした。

三衣とは大衣《だいえ》、上衣《じょうえ》、中衣《ちゅうえ》の三種類の袈裟のことで、托鉢や面会の場合は大衣、修行のときは上衣、そして日常の作務や就寝のときは中衣、と分けて用いられました。

卍他国への仏教伝来とともに発展

三衣は元々、捨てられていた布きれをつなぎ合わせた廃物利用で、梵語ではカサーヤといいました。これは汚濁色という意味です。そこから転じて、糞掃衣とも呼ばれていました。

温暖なインドでは袈裟一枚で修行生活が行われていましたが、仏教が北方の中央アジアや中国に伝えられると、それだけでは寒さに耐え切れず、徐々に下衣をつけるようになりました。後にこれが法衣として発展したのです。

古代インドでは簡略な衣服であった袈裟は、仏教の伝播によって様々な変化を見せ、日本においてもさらに色々な意味が加えられ、今日見る立派な衣や袈裟になっています。

卍 法衣は階級によって色が違う

日本の仏教の各宗派では、それぞれ特徴を持った服装の形式があります。

たとえば浄土真宗の場合は、儀式のときには、お坊さんの階級によって紫、緋、緑、黄といった色の違う法衣をつけ、その上にきらびやかな金襴《きんらん》や錦綾《きんりょう》などの袈裟をまとい、さらに金環《きんかん》や修多羅《しゅだら》などの装飾品をかざります。

おめでたい式では華やかに、お葬式などでは落ち着いて抑えた感じに、というのは、世間の一般常識と大差はありません。

また絡子《らくす》という衣服がありますが、これは霊水という修行僧が用いている片方に輪をつけた小型の袈裟のことで、中衣を変形させたものです。

ちなみに、一般信者の中にも、最近では輪袈裟《わげさ》、簡易袈裟《かんいげさ》などといった簡略化した法衣を身につけている人がいます。

3 お坊さんは魚や肉は食べていいの？

お釈迦様の願いは欲を絶つことでしたが、日本では明治以降、人間の業としての殺生は仕方ないという考えが広まりました。

卍お坊さんは元々は菜食主義

本来、お坊さんは菜食主義でなければなりません。魚や肉は一切口にしてはいけないのです。

朝は梅干しとお粥、昼は菜っぱとミソ汁と米飯、夜はタクアンに野菜の煮付けと米飯。これは現在の修行僧の献立ですが、理想としては、お坊さんはずっとこうした食生活を続けることが好ましいわけです。

しかしながら、日本のお坊さんたちは、平気で五〇〇グラムのステーキを食して、挙げ句の果てに活き造りの刺身に舌つづみを打っているのが現実です。お釈迦様が見たら、卒倒するに違いありません。

卍魚や肉がいけない理由

お坊さんが魚や肉を食べてはいけないとされるのは、欲を抑えるということに加えて、たとえ間接的であっても殺生沙汰はダメという教えがあるからです。魚や肉を食べれば、自分が殺したことと同じと見なされるので、仏に仕える者としてふさわしい行為ではないというわけです。

さらに、余計な活力を生まないため、という理由もあるようです。

食事を制限すれば、性欲もある程度は減退すると考えられます。だから肉や魚を食べないことで性欲を抑えれば、心おきなく精神世界に没頭できるという結論になるわけです。

しかし、日本人というのは、どうも根性がないらしく、かつて野菜ばかり食べていたお坊さんたちにしても、欲を断つどころか精進料理を考案しています。たとえば精進料理の雁もどきは、豆腐にこんぶ、牛蒡《ごぼう》などを混ぜ合わせ、雁の肉の味を再現した物です。ある意味、精進料理は、お坊さんたちのすさまじい肉食への欲求の表れともいえるでしょう。

卍殺生してしか生きられない人間の業

お釈迦様が魚や肉食を禁じたのは、欲を抑えるというのが主な理由でしたが、日本のお坊さんは殺生が理由で食べてはいけないと解釈したようです。

しかし明治以降は、殺生をするしないよりも、殺生をしてしか生きられない人間としての精神的痛みをあえて受け止めることが大切、つまり肉食などをするのは仕方ない……といった都合のいい解釈がされました。そして、またたく間に肉食が公然と取り入れられたのです。

一方、南方の仏教国の敬虔なる信徒は、現在でも、釈迦の伝統を純粋に継承して、午前中に一日一食の生活を続けています。これも極楽浄土を願う欲のなせるわざでしょうか。

4 ボウズ頭を捨てたお坊さんたち

最近はボウズ頭でないお坊さんも増えています。お坊さんも一人の人間。オシャレもしたいし、目立ちたくないときもあるのです。

卍戒律の厳しい禅宗でも髪型自由

最近では、いわゆるボウズ頭のお坊さんは少ないようです。ロングヘアーこそ見かけませんが、一般人と変わらないヘアースタイルが増えています。

もし当人がその気になれば、モヒカン刈りやソバージュだって構いません。大仏のようにパンチパーマにするのも問題ありません。お坊さんのヘアースタイルは、それほど自由になってきています。

戒律の最も厳しい禅宗ですら、修行道場にいる期間をのぞけば、髪型の自由が認められているのです。

卍明治維新以降、戒律が緩んだ

このような髪型の自由は、日本だけの特徴です。

元来、頭を剃るというのは、宝石を身につけない、化粧をしない、服装を飾らないなどという、おしゃれ願望を断つ意味で行われていました。

それが明治維新以後、一切の戒律が規正緩和されたことで、妻帯の自由ともども許されるようになったのです。

一八七二年の肉食妻帯蓄髪を容認した太政官布告第一三三号という法律は、簡単にいうと「今後お坊さんも精進料理以外の肉、魚を食べることはもちろんのこと、結婚も自由に、そして髪を伸ばしても一向に構いません。また、法務以外の日常生活では一般の人と同じ服装で構いません」というものでした。

最近のお坊さんたちは普段、洋服を着ていますから、下手に頭を青々と剃り上げて歩いていると、刑務所帰りと間違えられたり、夜道では女性に走って逃げられたりしかねません。実際、警官に職務質問されるお坊さんが多いという笑い話も聞きます。

卍尼さんはボウズ頭で規律に忠実

現在、日本のお坊さんの中で、仏教本来の戒律に忠実に従っているのは尼さんくらいのものでしょう。彼女たちは結婚せず、ツルツルのボウズ頭で日々真面目に勤行に専心しています。

その点、東南アジアのお坊さんたちは尼さんも含めてなかなかに要領がいいものです。

高名なお坊さんはほとんどがマネージャーを雇っており、金権がからむことはすべてそのマネージャーが代行するシステムになっています。お坊さん自身が直接タッチしないことで、身の保全をしているのです。

5 お坊さんの性欲、恋愛事情

神道にとってセックスは実りを結ぶための神聖な儀式です。一方仏教は性欲を否定しがちですが、果たしてどうでしょうか。

卍仏教の五戒の一つ、不邪淫？

お釈迦様は出家する以前に結婚して、子供をしっかりもうけています。このことからも女性に無関心であったとは思えません。ちなみに、お釈迦様が出家したのは二九歳のときです。

仏教に、五戒という言葉があります。①不殺生戒《ふせっしょうかい》、②不偸盗戒《ふちゅうとうかい》、③不邪淫戒《ふじゃいんかい》、④不妄語《ふもうご》戒《かい》、⑤不飲酒戒《ふおんじゅかい》、の五つで、その一つの不邪淫戒は、自分の妻（または夫）以外とは交わってはいけないとする戒です。

卍セックスの絶頂感が基本理念の仏教

お坊さんがセックスだ性欲だというのは、ふさわしくないという方もいるかもしれませんが、日本の仏教の中にはセックスの絶頂感を基本理念におく宗派が実際に存在しています。それは真言立川流《しんごんたちかわりゅう》です。

その歓喜天《かんきてん》といわれる本尊は象の頭をした男女が抱き合った形をしていて、セックスの絶頂感の快楽が、悟りの世界と一致していると、大真面目に解釈しています。

これは性欲を否定する本来の仏教理念からは外れていますが、日本古来の神道の教えには近いものです。

神道では、死を汚れたものとして扱う反面、新しい生命の誕生を非常にありがたいものと考えます。ゆえに、セックスを否定するどころか、実りを結ぶための神聖な儀式という意識があります。実際に、男性のペニスや女性の性器をシンボルとして祭るお宮もあるくらいです。

人間が生身である以上、こうした神道の考え方のほうが余程自然かと思われます。私たちは肉体を持って生まれてきた以上、食欲、性欲、睡眠欲を必ず持っています。修行の末、それらをコントロールする力が備わったとしても、完全になくすことは不可能でしょう。極楽でお釈迦様に会えたら、開口一番、この点について直接たずねてみたいものです。

卍お坊さんの恋愛事情

宗派の違うお寺の女性に恋をしてしまった場合、たとえば浄土真宗と浄土宗のように、宗派は違っても系列が同じケースなら、さして問題はありません。ですが、あえて名前は伏せますが、中にはどうしても相入れない宗派が存在します。

ロミオとジュリエットではないですが、このケースでは当人たちに断念してもらうしかないのが現実のようです。

6 高級車を乗り回すお坊さんもいますが……

現世を謳歌するのか、禁欲の人生を送るのか。お坊さんの生き方としては、果たしてどちらが正しいのでしょうか。

卍お坊さんは貧乏が当たり前?

世間一般の人たちは、今も昔もいつの時代も、お坊さんは質素でなければいけないという意識が強いようです。あまりにも汚い破れ寺では困りますが、少なくとも自分たちよりは、レベルの低い生活をすべきだと考えているふしがあります。

ですから、お坊さんがベンツなど高級車を乗り回していれば、「坊主のくせして生意気だ」と非難の嵐。こういった点は、都心部より、田舎の方が厳しい傾向にあるようです。

卍お坊さんはその昔、特権階級だった

しかしながら、歴史をひもとくと、江戸時代には武士以外で駕籠や馬に乗れたのはお坊さんだけでした。昔はお坊さんにそうした特権が与えられていたのです。

それを考えれば、世間一般の人がそこそこの車に乗るこの時代に、お坊さんがベンツやジャガーなどに乗っていたところで問題はないはずです。

ただ、檀家にはやはり、お寺をお世話し、食べさせてあげているのは我々だという意識があるので、それを考えるとお坊さんは質素であってほしいという気持ちもわからないではありません。

実際、専業のお坊さんの生活そのものは、何人もの檀家からもらうお布施で支えられています。ガレージの奥に隠し持っている高級車のローンも、お布施で支払っているのが現実です。要するに、檀家が仏に向けて行った功徳《くどく》のほとんどはお坊さんたちの私物に変身しているわけです。

これでは、江戸時代は馬や駕籠に乗っていたのだから今はベンツに乗っていてもいいでしょう、という道理はなかなか通りません。普段の檀家回りには高級車のことは隠して、一般車を利用しているお坊さんが多い、というのも頷けます。

卍過去の苦行の経験を思い出してほしい

京都では、大っぴらに祇園で飲み歩くお坊さんの姿も珍しくありません。お金に困らないので、高級車を乗り回し、フランス料理などの高級グルメに興じているお坊さんも案外多いはずです。

数々の贅沢によってでっぷりと張り出したお坊さんの腹部は、まさに怠惰の象徴です。

そうしたお坊さんたちにも、かつては欲を断って苦行に励んだという経験が大なり小なりあるはずです。その修行の意味は、一体何だったんでしょうか。もちろん、お坊さんがみんなそうだというわけではありませんのであしからず。

7 お坊さんの戒律、日課は厳しいの？

戒とは自らを戒めることで、律とは外側から行動を規制するということ。戒律において、日頃大切なのは掃除、勤行、学問です。

卍 仏教が守るべき五戒

五戒とは、仏教において、すべての信者が守るべきとされている基本的な五つの戒のことです。後述する六波羅蜜の五戒を守って実践すれば、解脱が可能、つまり苦しみの世界から脱出し、解放されるのです。その五つの戒とは、以下の通りです。

①不殺生＝生き物の殺生沙汰は御法度。
②不邪淫＝淫らなセックスはしない。
③不偸盗＝人の物を盗まない。
④不妄語＝嘘をつかない。
⑤不飲酒＝先の四つの戒律を守る理性が消失するので飲酒は禁物。

六波羅蜜とは、布施・持戒・忍辱・精進・禅定・智慧という六つの徳目を完成させることです。ただし、この五戒は、たとえ破ったとしても罰則が設けられているわけではありません。六波羅蜜の教えとして、罰則を恐れて戒を守るのではなく、真の仏教信仰者なら自発的に守れるはずと説いているからです。

卍お坊さんの十戒

また、お坊さんの戒律は、インドのものは厳しいことで有名です。

まず二〇歳以上の修行僧に課せられたのが、十戒です。

前述の五戒、①不殺生（殺すなかれ）、②不邪淫（犯すなかれ）③不偸盗（盗むなかれ）④不妄語（嘘をつくなかれ）⑤不飲酒（飲むなかれ）に、⑥華美に身を飾らない、⑦歌舞を楽しんだり演じたりしない、⑧やわらかな寝具で寝ない、⑨正午以後は食事をしない、⑩金銀を蓄えない、という五つが加わった一〇の項目から成り立ちます。これは小乗仏教のケースです。


大乗仏教のケースでは、十重戒と呼ばれ、①生き物を殺さない、②盗まない、③姦淫しない、④嘘をいわない、⑤酒を売らない、⑥僧の悪口をいわない、⑦自画自賛しない、⑧施しを惜しまない、⑨怒り憎まない、⑩仏法僧をあなどらない、という一〇項目になります。

卍一に掃除、二に勤行、三に学問

さらにこれに加えて、二百五十戒、三百四十八戒といった比丘、比丘尼《びくに》の守るべき具足戒が原始仏教では定められていましたが、現在の日本仏教では十戒も含めてすべて採用されていません。

では、日本のお坊さんはのんべんだらりと毎日を送っても構わないのかという声も聞こえてきそうですが、宗派を問わず、お坊さんとしてなすべきこと、守らなければならない原則はあります。

それが、一に掃除、二に勤行、三に学問の日課です。

まず掃除ですが、これは身辺の整理整頓を通じて実践行が大事であることを知るためのものです。次に勤行とは、自分の修養のために経典を読むことで、心を豊かにするための行為です。最後の学問は、人に仏道を教えるために欠かせない知識、知恵を磨くためのものです。

これらの三つは生活徳目といっていいでしょう。

この三つの日課は、修行の基本とされる三学（戒律、禅定、知恵）とも関連します。この三学を怠ったからといって何の罰則もありませんが、自らを戒める心があってこその真の信仰生活であり、そんな人間だけが心の平安を得られるのです。

8 男性より厳しい尼さんの戒律

尼さんになる女性は激動の人生を歩んでいます。彼女たちは元々戒律が厳しい上、それに忠実に従う模範生です。

卍尼さんは仏教本来の戒律に忠実

仏教の経典には、「女は女のままでは仏の国に行かれない」といった女性蔑視の考え方が見え隠れしているのも事実です。女性は再度、現世に男子として生まれ変わらなければ、極楽には行けないというのです。

出家してお坊さんになると、具足戒《ぐそくかい》という守らねばならない戒律が定められています。男性のお坊さんには二五〇戒、女性の尼さんには三四〇戒と、なぜか仏教は女性に厳しいのです。

現在、日本のお坊さんの中で、仏教本来の戒律に、忠実に従っているのは、尼さんくらいといっても過言ではないかもしれません。

尼さんは基本的に男性のお坊さんと同じ仕事をしています。なので、尼さんだから際立って違うということはありませんが、結婚しない生涯独身という点では大きく異なります。

卍尼さんの人生は波瀾万丈!?

尼さんは結婚をせず、ツルツルの坊主頭で、真面目に毎日お勤めに専念しています。

女性のお坊さんというのは、尼さんになってからは非常に真面目ですが、尼さんになる以前には、かなりスゴイ人生を歩んでいるケースも多いものです。たとえば、尼さんになった著名人もそうです。二四歳のときから「クラブ順子」のママとして、銀座の顔でもあった田村順子ママの突然の出家の決意。また『極道の妻たち』の作家、家田荘子さんの在家出家。二人とも激動の人生です。

卍尼さんとしての瀬戸内寂聴さん

そして極めつけは、今から、四〇年程前に出家して、現在も作家として活躍する瀬戸内寂聴さんでしょう。

彼女の本を読んでいると、尼さんになるべくして人生を歩んできたのではないかとさえ感じます。仏門に入るためにあのような色々な経験を仏が与えたのではないかと思えてしまいます。

彼女の話が、現在ウケているのは、彼女が現役のお坊さんであればこそでしょう。もし仮に法衣《ほうえ》でなく派手なワンピース姿で話をしていたならば、彼女の話に耳を傾ける人は、少なくとも今ほど多くはなかったのではないでしょうか。法衣・袈裟をまとってこその瀬戸内寂聴なのです。

ちなみに、尼さんが小説を書いて報酬を受けるというのは、本来の仏道からは外れてはいますが、報酬は説法のお布施と考えれば、そうともとれるのです。

9 お寺の奥さんの暮らしぶり

お寺の奥さん、特に住職の婦人を寺庭婦人と呼びます。彼女たちはとても勉強熱心です。

卍お寺の婦人は組織化されている

お寺の奥さんを寺庭婦人《じていふじん》と呼びます。寺庭婦人とは、明治以降につくられた仏教用語の一つです。宗派によっては攻守と呼ぶこともあります。

寺庭というのは〈寺〉院と家〈庭〉から来ているといわれていますが、いまいち寺庭婦人の定義がはっきりしないのが現状です。

寺庭の婦人、特に住職婦人を寺庭婦人と呼称し、宗教所単位から全国組織へと彼女たちは組織化されています。住職婦人を対象とした、〈寺庭婦人同志の会〉というものが存在しているのです。

たとえば、臨済宗のお寺では方丈で般若心経一巻読経後、総長の開会の挨拶があり、引き続き全員坐禅を行い、管長猊下《げいか》か御垂訓と寒山寺の解説をして、「寺庭婦人に期待されるもの」という講演が行われ、懇親会をして親睦を深めています。

以前、日蓮宗で、それぞれのお寺の奥さんについて調査した結果、在家出身者が九〇％

でした。つまり、お寺の奥さんも結局は、普通の一般家庭の奥さんと同様ということです。

卍家庭での寺庭ママ

寺庭ママは子供たちへの躾として、自分たち（寺庭ママ）の生活は、仏さまの仏飯（仏前に供えられる米飯）を食んでいるのだということをまず教えています。

また、就寝時間の夜九時になると「お父さん、お母さんおやすみなさい」と、いわせるようにしています。「おやすみなさい」といって両親と接することが、仏教的に非常に重要なのです。一見、些細なことのようですが、こうした積み重ねが、子供が親を思う気持ちにつながっていきます。お寺の子供たちは、こうして大人の発言を素直に聞くことにより、仏さまのおかげでこうして生かしていただいているのだということを少しずつ理解していくのです。

在家出身者九〇％という寺庭婦人の多くは、ごく普通の恋をし、ごく普通の結婚をしました。ただ一つ、違っていたのは、旦那様がお坊さんだったというだけの話なのです。

第6章　お寺をめぐるお金、法律、税金

1 拝観料だけで年間数十億円!?

戦前は貧乏だったお寺も、修学旅行のコースなどになり、今や芸術文化遺産を持つ大金持ちに様変わりしています。

卍 修学旅行のコースとして人気に

観光地として大人気の京都には、観光客の拝観料で莫大な収益を上げている寺院も多いようです。清水寺、金閣寺、銀閣寺、天龍寺、高台寺などの主だったお寺の年間の収益総額は、ざっと数十億円ともいわれています。

お寺が拝観料でそれほどまでの収益を上げるようになったのは、一般の拝観者が増加したからというのももちろんありますが、寺院が全国の修学旅行のコースに組み入れられたからです。また、パック旅行が浸透したのも大きな要因でしょう。

拝観料は五〇〇～一〇〇〇円が大体の相場です。お寺を見せるだけですから、ほとんど経費はかかりません。

お坊さんは、執事と称して、美術館の管理よろしく、建物、仏像、庭、美術品、掛け軸などを、日々きれいに磨いておくだけで良いのです。他に必要なのは、案内役の人件費とメンテナンスの庭園整備費くらいのものでしょう。

最近では、話上手のお坊さんが案内役を引き受けたり、修学旅行生を前に一席ブッたりしているらしいですが、どのみち禅寺などは檀家がお参りに来るわけでもありませんから、暇つぶしには具合がいいでしょう。

卍戦前は京都のお寺も貧乏寺

流行、ブームというのは恐ろしいもので、このような京都のお寺は、戦前までは、言葉は悪いですが、単なるガラクタに埋もれた貧乏寺に過ぎませんでした。高度成長期が始まったあたりから、次第に旅行雑誌などのマスコミで紹介されるようになり、これまで見向きもされなかった骨董品が、ある日突然として、芸術的文化遺産として一躍脚光を浴びたのです。

卍ガラクタから芸術的文化遺産へ

拝観料は、そもそもはお布施から始まっています。しかし、お布施は押し寄せてくる拝観者一人一人にその都度対応しなければなりませんから、限界があります。そこで、寺の門を一歩入れば一律料金をいただきます、というシステムにしたのです。うまく考えたものです。

超人気の金閣・銀閣・高台寺などは、各々毎年、数十億円以上稼ぐといいます。公益法人の法人税が二七％であることを考えれば、お寺のポケットに入るお金は破格です。

それぞれのお寺は手にしたお金で様々な修復を行い、今ではすっかり、芸術の名にふさわしいきれいな様になっています。

卍観光寺と税金

また、観光寺ではおみくじやお札、お守りなどが販売されていますが、これらは基本的に非課税です。線香やろうそくは課税の対象になっています。一般のお店でも売っているというのが理由らしいですが、はっきりしません。

たとえば、お寺にある美術品を一万円で売ると、それは商業行為、つまり収益事業と見なされて、課税されます。しかし、同じ美術品を「これには霊的価値があるのです」と言って、百万円で売ると、それはお布施と見なされて、非課税になるのです。こうしたやり方は、主に新興宗教の団体で行われるケースが多いです。

つまり、お寺がどんなにこれは宗教活動でと力説する事業でも、その活動では労働対価を受け取っているわけなのです。そこで何らかの収益事業に当てはめようと思えば当てはまってしまう、という不思議なシステムが成り立っているのです。

2 お布施は信者によって違いはあるの？

お坊さんの格が高いほどお布施は上がり、檀家も格が高いほどお布施をはずむという一面もあります。

卍お布施の値段が上がるしくみとは

お布施は、あくまでも供養する人が気持ちを表すものです。最近では、価格表を作成しているお寺もあるようですが、まったく遺憾なことです。亡き人や先祖に対して、それぞれの想いは同じではありません。自分ができることをすれば良いのです。

とはいえ、お布施の値段は、お坊さんと檀家の格で決定されるというしくみがあるのもまた事実です。

お坊さんの評判が良ければ格は上がり、格上の檀家がお布施をはずむようになる。すると、上客を持ったお坊さんの格はまた上がり、さらに格上の檀家がお布施をいっそうはずむというサイクルが存在するのです。

卍お布施の相場と格付け

お布施の相場はどうなっているのでしょう。合同の先祖供養（春秋彼岸・お盆・年末年始供養）の場合は一〇〇〇〜三〇〇〇円です。年間法要なら、一万円から五万円が相場です。

お布施は気持ちですから、当然、信者によってお布施の相場が違うといった格付けなど、存在しようがありません。お布施を払う側がいくらにするか決めるだけです。

ただ、戒名の場合は、前述の通り、お布施の値段によって、〇〇院△△とか〇〇居士、〇〇大姉とか、位分けしているお寺があります。中にはそれを考えて、多額のお布施をする人もいます。

卍開眼法要のお布施

開眼法要とは、お墓ができたときに納骨に先立ち、墓石に入魂することで、入魂式・お霊入れなどとも呼びます。開眼とは、供養して仏の魂を迎え入れ、故人の霊が宿ったものに変えてもらう儀式のことです。

開眼法要などのお布施の値段は気持ちしだい、という建前になっていますが、実際は、地域や宗派、お坊さんの階級によって違いがあります。霊園などではあらかじめ値段を設定しているところもありますので、墓地の管理者や石材屋に前もって聞くのがいいでしょう。檀家寺の場合は、檀家の世話役の方にたずねてみましょう。

たとえば、御霊抜き（お性根抜き）は五〇〇〇〜一万円、開眼法要は一万〜三万円というのが一般的です。

これらは、お礼としてお布施や開眼法要お布施、お経料として包みます。

3 お寺に関する法律
——宗教法人法など

宗教の果たす役割は、依然として大きいです。信教の自由、宗教法人法について今一度、考えてみましょう。

卍お寺は宗教法人法にもとづく事業者

ほとんどのお寺は宗教法人という法人格を持った事業者です。宗教法人は宗教的事項と世俗的事項の二つの機能を併せ持っていますが、宗教法人法が規定しているのは、世俗的事項に関してのみで、宗教的事項に関して制限する規定はありません。

しかし、個人や団体の行う宗教活動が公共の福祉に反したときは、他の法令が適用されてしまいます。

なお、宗教法人法は一九五一年に施行されました。その後、一九九五年のオウム真理教事件の際に改正が検討され、一部は改正されましたが、結局は実現しませんでした。

卍宗教法人法、憲法の信教の自由

宗教法人法で定義する宗教団体とは、宗教法人となれる要件を備えた団体のことであり、宗教の教義をひろめて、儀式行事を行い、さらに信者教化育成することを主たる目的とす

回法人にまつわる法律

法人区分	根拠に基づく法人のジャンル	根拠法
公益法人	公益社団法人 公益財団法人	民法
	宗教法人	宗教法人法
	学校法人	私立学校法
	社会福祉人	社会福祉法
営利法人※	株式会社 合名会社 合資会社	商法
	有限会社	有限会社法
中間法人	中間法人	中間法人法
	医療法人	医療法
	協同組合・その他	各特別法

※2006年に施行された商法改正により、新たに株式会社、合名会社、合資会社を規制する法律として「会社法」が施行されました。それに伴い、有限会社はなくなりました。

る団体です。お寺もこれに該当します。

特に宗教に関しては、戦前または戦中に、国が国民に神道への帰順を強要し、それが戦争への道を助長したことへの反省から、日本国憲法第二〇条で信教の自由、国の宗教活動の禁止が示され、国の関与が徹底的に排除されるという方針が明確にされました。

さらに憲法第一二条によって、憲法第二〇条の保護する信教の自由のうち信仰の自由については、それらが内心の自由という場面にとどまる限り、絶対的な保障としています。そして国民に保障する自由および権利を常に公共の福祉のために利用する責任を負う、と定めています。つまり、いかなる自由であっても、その行使に責任が伴うことは明白です。

卍 宗教活動に国は介入できない

宗教法人法というのは、国民が信教の自由という権利を行使し、組織を構成する際に守らなければならないルールを表したものです。しかしながら、憲法において、宗教活動に対しての国の介入が禁じられていることにより、国は宗教活動の内容に対して触れることができず、法人が守るべき規則は必要最低限のものとなっています。

以上のように宗教法人であるお寺は、国にとって、設立者が正当な手続きを踏めば認証せざるを得ず、認証後は色々と調査できないことから、監視活動が困難な部分があります。

4 お寺にかかわる法律の変遷

宗教法人、宗教団体は、日本の歴史において、法律上、どのような位置付けだったのでしょうか。

卍 最初の宗教法案は不成立

宗教を法律を通じて社会の中に位置付ける最初の努力は、一八九九（明治三二）年に宗教法案という形でなされました。その結果、宗教団体法が一九三九（昭和一四）年に成立しました。

最初の明治三二年の法案では、仏教の寺院、教派神道、キリスト教の教会の三つが法人になれると書かれていました。

江戸時代より、日本の国益を守るために、キリスト教を排撃するために、大きな責任を負っていたのは仏教でした。それがその法案には、徳川時代には仏教の風下に立っていた神社が公的な存在になるといった役人の発想が全面に出ていました。もちろん、仏教界から強い反対論が起きて、この宗教法案は成立しませんでした。

その後、幾度もの変遷を経て、昭和一四年、宗教団体法が成立しました。その第一条には「本法に於て宗教団体とは、神道教派、仏教宗派及基督教其の他の教団（以下単に、教

回宗教にまつわる法律（案も含む）の沿革

法律（案）	年
第1次宗教法案	1900年（明治32年）
第2次宗教法案	1927年（昭和2年）
第1次宗教団体法案	1929年（昭和4年）
宗教団体草案	1935年（昭和10年）
宗教団体法	1939年（昭和14年）
宗教法人令法	1945年（昭和20年）
宗教法人法	1951年（昭和26年）
宗教法人法改正	1995年（平成7年）

派、宗派、宗団と称す）並に寺院及教会を請ふ」との規定があります。

つまり、すべての宗教を対等に扱うという趣旨が書かれていたのです。

卍占領下にできた宗教法人令

国家ないし政府と宗教のあり方について、アメリカ主導でつくられた新しい宗教法人法がいかなるものかを考えてみましょう。

終戦後、アメリカの強大な国家意思のもとに日本が占領されたことについては、皆さんご存じのことと思います。その終戦に先立つポツダム宣言において、アメリカは「日本の信教の自由は守られる」や「思想の自由、表現の自由は守られる」という文言を入れました。そうしたことを背景に、アメリカは、日本を信教の自由を保障した国家にしようとしたのです。

一九四五年、宗教団体法は廃止され、同じ年に、新たに宗教法人令法が施行されました。その際、法人格を失っていた宗教団体は新たに法人格を認められたのです。それは宗教法人令法の重要な点でもありました。

ここで注目すべきは、届出主義の形で宗教法人が自由に設立できるという体制が、基本的にアメリカの国家意思のもとで成立したということです。現在の宗教法人法は、これを引き継いでいるに過ぎません。

5 お寺の設立は許可制、届出制？

信教の自由、政教分離の原則を考察すると、憲法、宗教法人法、民法の整合性がおかしくなります。

卍公共の福祉に反しなければ尊重

憲法では、信教の自由を保障するとともに、政教分離の原則を採用しています。憲法一三条において、公共の福祉に反しない限り最大限に尊重されるべきとされています。要するに、宗教行為となされたものでも、他人の生命、身体に危害をおよぼすような違法の力の行使があれば、当然のごとく刑事責任が問われます。

卍宗教法人設立の許可と信教の自由

国などが宗教団体の公益性を認定し、法人設立に際して許可を与えるというのは、信教の自由の精神とは相容れません。その一方で、やみくもに宗教団体を結成する自由を与えて良いのかという指摘もあります。歴史的に見ると、戦前は労働組合や宗教団体については許可制のもとで法人化していましたが、戦後、それが良くなかったということで、原則認めるスタンス（届出制）に代わったことが思い出されます。

この大きな制度変更の精神を考えれば、国などによる許可制はまったく信教の自由に大きく反していると思わざるをえません。

卍政教分離原則について

政教分離の原則が憲法で保障されている以上、宗教は公の事柄ではなくて、プライベート（私事）であるとよくいわれます。であれば、すべての宗教団体は、法律上は、他の世俗的、私的な団体と同じ地位にあるといえます。したがって、法人格の問題についても、他の私的な団体のケースと原則同じ手続きをして、それらと同じ権利を獲得すべきという考えが成り立ちます。

この意味で、ある団体の目的や活動について、国が公共性を認定するというような制度、すなわち、公益法人そのものの制度というのは、憲法が謳った本来の政教分離の原則とは違うとも考えられます。

要するに、宗教法人法は、公益法人の設立は主務官庁の許可制という民法三四条の一部をいわば死文化しているわけなのです。

6 お寺のもめごとは多種多様

お寺にまつわる様々なもめごとが増えています。裁判になるものもならないものもありますが、特に俗なもめごとが目立つようになりました。

卍お坊さんのサラリーマン化

お寺の役割として、ますます葬儀と法事が重要視されるようになりました。このためか、お坊さんが、用僧・サラリーマン化してきています。

さらに、大寺院では多くのお坊さんを雇用するようになってきました。その結果、お寺にも労働問題が生じるようになってきました。たとえば、お寺は信徒が時間外に勤めた分の賃金も支払うべきだという議論や、労働組合の結成、先代住職の家族の解雇等の問題などです。

さらに、お寺経営の基盤が低下しています。まず一九四六年の農地解放によって、小作米収入がなくなりましたし、一時的にバブルの恩恵を受けたこともありましたが、不況下でお布施収入が打撃を受けました。これは檀家が不況の影響を受けている結果です。

卍お寺には土地があるがしかし……

お布施が高すぎるといって寺檀紛争に発展することも、以前より頻繁に生じるようになりました。また、収入が低下したお寺では、宗派本山である宗門に対しての付課金にも不満が生じてきています。

経済的基盤が沈下しても、お寺には土地があります。それを有効に使えないかということは、誰もが考えます。

しかし、武士の商法に似て、失敗することがいかに多いことか。お寺の土地を担保にして借金をし、返せなくなって担保が流れてしまう例や、はじめから土地を売却してお金に変えてしまう事例まであります。

卍お寺の家庭化によるもめごと

お寺にも住職を中心とした家庭があります。一般家庭と同様、相続や扶養に関してのもめごとが発生します。これらは、単なる相続・扶養問題にとどまらず、後継住職という人事問題や、寺檀紛争の引き金になります。

お寺の中に家庭があることで、お坊さんの倫理道徳が在家並みとなります。その結果、お坊さんとしてあるまじき行為、詐欺・横領事件、児童売春やセクハラ事件が発生したりもするのです。このような事件が起きると、檀家は宗門に速やかな監督権の発動を期待しますが、宗門の腰は案外重いのが現状です。

7 お寺の拝観料は課税対象なの？

その昔、京都で古都税論争がありました。拝観料に課税すべきか否かで相当もめました。

卍拝観は収益事業ではない？

三〇年程前、京都市が古都税（拝観者一人から五〇円を徴収し、文化財保護の財源にするという目的税）を実施しました。これに対し、京都仏教会は拝観停止等の実施で市に対抗し、有名な京都古都税紛争にまで発展しました。最終的に、京都市は古都税を廃止し、仏教会は古都税相当分の寄付を市に支払うことで和解しました。宗教法人というお寺の立場からすれば、「公共事業である宗教活動で得た収入からなぜ税金を納めなければならないのか」と憤慨していたわけです。

ちなみに、拝観サービス自体は、法人税法によりますと、収益事業に当たらないとされています。

拝観料は、拝観者からのお寺に対するお布施、喜捨金《きしゃきん》としての性格を有しているのです。

卍 お寺の拝観サービスは宗教活動？

そもそも、拝観サービスは宗教活動なのでしょうか。

観光客が事前に、お寺の由緒や仏像、掛軸、文化財などを研究した上で境内や庭園を鑑賞すれば、宗教活動として認められるかもしれません。しかしながら、普通の観光寺では、仏教の知識がそれほどあるとは思えない物見遊山の観光客が多数を占めます。

あるお寺では、拝観者が本堂の裏庭を見学する際に、時間を設定した上で必ずガイド役のボランティア（ときにお坊さん）が説明しています。その際に建物や石仏の由緒などに関しての詳しい知識を聞くことができます。こうした場合は十分に宗教活動の摘要範囲内に入るでしょう。

卍 拝観料は国の代わりにしている対価

拝観料の非課税について、宗教活動と見なさないという次のような考え方もあります。

お寺が拝観料の対価として観光客に見せているほとんどのものは、重要文化財・国宝級です。これらの財産の管理は本来は国がすべきですが、維持・メンテナンスはすべてお寺の負担になっています。なぜなら、政教分離の原則から、国家は宗教法人と取引したり、補助金を出すことができないからです。

したがって、拝観料というものは、国の貴重な財産を管理するコストをまかなうためにお寺が徴収しているものだと考えれば納得できる、というわけです。

8 とても気になるお寺の税金

宗教法人は、国民への公共性の高い行為を国が支援するという意味で免税とされています。

卍どういったものが非課税なのか

お寺は、土地や建物などからの収入に対して、宗教活動に関わるものすべての税金が免除されていますが、その一方で、宗教活動に関わりのない土地や建物を購入すれば、お寺といえども、不動産取得税は課せられますし、もちろん、毎年、固定資産税も課せられます。宗教法人だからといって、そこは例外ではありません。ましてお坊さん（住職）の個人的なスタンスとなれば、一般の人々とまったく変わりなく、所得がある限り、課税を免れることはできません。

お坊さんが手にするお布施は、その一部はお寺を経てお坊さんのサラリー（給与）として取り扱われ、所得税の対象になるので、当然、年末調整や確定申告もしなければなりません。さらに、宗教法人であるお寺には、元々は贈与税や相続税も課せられませんが、お坊さん個人にはもちろん課せられます。さし当たり、課税対象になるのが、宗教法人からのサラリーです。

しかしながら、税法の決まりは理解しにくい上に、国税庁の通達は法令と同等の大きな影響力を持っています。宗教法人が課せられる税金をそれぞれ詳しく見ていきましょう。

①所得税

宗教法人においても、サラリーを支払っているケースでは、所得税の源泉徴収を行う業務が課せられています。代表役員である住職は、檀家からのお布施をすべて法人収入とみなし、改めてお寺からサラリーとして支払いを受けることになっています。さらに、宗教法人としてのお寺は、外部から招いた講師には講演料を、お坊さんにはサラリーを支払うケースがありますが、すべてに対して源泉徴収の義務があり、一般法人と少しも変わりません。これも国税です。

②法人税

宗教法人が法人本来の活動をしている限りは、非課税です。一方、宗教法人でも収益事業を行っていればその所得に対して、法人税が課せられ国税となります。

③事業税・道府県民税・市町村民税

収益事業を行っている宗教法人に対しては、事業税、道府県民税・市町村民税はすべて課税されます。これらは収益事業の所得を標準として、均等割と法人税割によって課せられ、地方税となります。

④ 土地建物などの資産に対しての税金

A 不動産取得税

宗教法人がその本来の目的・活動に関わりのない土地、建物を取得するケースでは課税します。売買、新築、贈与といった種々の取得のケースがあります。

一方、相続や法人の合併といったときは非課税になります。道府県民税の一種です。

B 固定資産税

原則無税です。ただし住居や事業活動をしている場合はみなし課税がかかります。

C 登録免許税・印紙税

土地、建物などの登記や登録を受けるときは登録免許税がかかり、契約書や領収書などの証書を作成したときは、その証書に印紙を貼るために、印紙税も必要で、国

回宗教法人税制上の４つのメリット

1 法人税、県事業税、市長業税、法人住民税が非課税となる
2 登記上、礼拝用建物などの差し押さえ禁止が保証される
3 財産保有税として毎年市町村に納めるべき固定資産税、都市計画税が非課税となる
4 財産を取得した(寄付を受けた)ときの登録免許税、不動産所得税が非課税扱いになる

税となります。

課税されるケースとしてはおよそ以上のようなものが想定されますが、宗教法人の活動を行っている限り、宗教法人の所得は非課税で、境内建物や境内地の固定資産税も課税されません。

9 お寺の相続・贈与税はどうなっているの？

原則課税はありませんが、負担が不当に減少するとみなされたときは課税されることがあります。

卍例外的に課税されることもある

信者などから財産の寄贈、遺贈を受けた場合、宗教法人は、法人税法上は公益法人として、収益事業からの所得でない限り法人税の課税は受けません。さらに宗教法人は法人ですので、個人が対象である贈与税や相続税の課税を受けることはありません。

しかしながら、例外として、贈与税または相続税の負担が不当に減少する結果となると認められるケースでは、宗教法人を個人とみなして、贈与税ないしは相続税が課税されることがあります。

このケースでの贈与税の課税に関しては、贈与により取得した財産について、贈与者が異なるごとに、当該贈与者の各一人のみから財産を取得したものとみなして算出した贈与税額のトータルをもって、その法人の納付する贈与税額とすることになっています。

卍不当に減少する結果となるケース

回贈与または遺贈された日について

（租税特別措置法施行令第25条の17第1項にまつわる通達5）

（贈与又は遺贈のあった日）

5　措令第25条の17第1項に規定する「贈与又は遺贈のあった日」とは、次に掲げる日後に当該贈与又は遺贈の効力が生ずると認められる場合を除き、それぞれ次に掲げる日をいうものとして取り扱う。

(1) 公益法人に対する財産の贈与の場合　当該法人の理事会等権限ある機関において、その受入れの決議をした日

(2) 公益法人を設立するための生前の財産の提供の場合　当該法人の成立した日

(注) 法人の成立した日は、次に掲げる法人については、それぞれ次に掲げる日となることに留意する。

1　民法第34条の規定により設定された財団法人又は社団法人　法人設立許可の日

2　学校法人、社会福祉法人、更生保護法人、**宗教法人**、医療法人又は特定非営利活動法人　法人の設立登記の日

(3)（省略）

(4)（省略）

前述した「不当に減少する結果」となるケースとは、贈与等を受ける法人が次の要件のいずれかに該当しないケースです。要件のすべてを満たしている法人に対する贈与等は、税負担が「不当に減少する結果」とはならないものとされています。

A　役員会の決議は、法令に別段の定めがあるケースを除き、重要事項の決定については責任役員の総数の三分の二以上の議決を必要とするとともに、原則として評議員会の同意を必要とすること。

B　その運営組織が適性であると同時に、その規則において、その

責任役員の員数が六名以上、幹事二名以上であり、評議員、総代等が責任役員の二倍を超えている法人であること。

一方で、租税特別措置法第四〇条第一項後段の規定（民法第三四条の規定により設立された法人、その他公益を目的とする事業を営む法人に対する財産の贈与ないしは遺贈で、当該贈与または、遺贈が、教育または科学の振興、文化の向上、社会福祉への貢献その他公益の増進に著しく寄与することその他の要件を満たすものとして国税庁長官の承認を受けたもの）による贈与等を受けたケースでは、「不当に減少する結果」にならないとしています。

回宗教法人に対する課税・非課税の差

内容	判定		
	課税	非課税	不課税
葬儀、法要等の収入（戒名料、お布施など）			○
絵業者、写真帳、暦などの販売	○		
お守り、お札、おみくじ等の販売			○
永代使用料を受領して行う墳墓地の貸付け		○	
土地や建物の貸付け			
①住宅		○	
②建物	○		
③土地		○	
駐車場経営	○		
宿泊施設の提供（1泊2食、1500円以下）			○
神前結婚、仏前結婚の挙式等			
①挙式を行う行為で本来の宗教活動の一部			○
②挙式後の披露宴における飲食物の提供	○		
③挙式のための衣装その他物品の貸付け	○		
常設博物館等における所蔵品の観覧	○		
新聞、雑誌等の出版、販売	○		
茶道、生花等の教授	○		
拝観料	○		
幼稚園等の経営			
①保育料、入園料、入園検定料、施設設備費		○	
②給食費	○		
③制服や文具などの販売	○		
会報、機関誌の発行			
①会員等には無償配布			○
②①以外	○		
寄付金、祝金、見舞金等			
①実質的に資産の譲渡対価を構成	○		
②①以外			○
補助金等収入			○
負担金収入			○
基本財産収入		○	
借入金収入			○
固定資産売却収入			
①土地、借地権、投資有価証券売却収入		○	
②①以外	○		
敷金・保証金戻り収入			○
雑収入			
①受取利息収入		○	
②受取配当金収入			○
③①以外及び②以外	○		

〈出処〉『宗教法人ハンドブック』実藤秀志・著、税務経理協会

※また、次の支出については、仕入控除はできません。
通勤手当以外の人件費、法定福利費、海外での諸経費、支払地代、保険料、租税公課、寄付金、助成金、罰金、損害補償金、支払利息、土地、借地権、投資有価証券購入支出、敷金・保証金支出、借入金返済済支出、特定預金支出、繰入金支出。

第7章　お寺の運営は楽なのか大変なのか

1 台所事情が厳しいお寺経営の現実

お寺は何も坊主丸儲けばかりではありません。断食で貧乏をしのいでいるようなお坊さんもたくさんいます。お坊さんだって、稼ぐことは大変なのです。

卍お寺経営だけで生活できるのは二割

お金にモノをいわせて、酒だ女だと放蕩の限りを尽くすお坊さんの裏側には、実は毎日の生活費にすら窮して、パートに勤んでいる貧乏なお坊さんがひしめき合っています。実際、お寺経営の純利益だけで生活しているのは、全体の二割弱でしょうか。八割のお坊さんは、僧職のかたわら、他の仕事に従事して生活費を稼いでいるのです。

檀家制で運営されているお寺の場合、檀家の数が、三〇〇軒以上でないと、とてもじゃないですが、生活できません。四〇〇軒でまあまあといった所です。

檀家数が一〇〇軒、二〇〇軒ではお坊さん一人食べていくことさえ不可能です。

卍檀家一〇〇軒の台所事情

たとえば、檀家一〇〇軒では、その台所事情はどうなのでしょうか。

一年間にお寺が請け負う葬儀数は、檀家総数の五～七％といわれています。つまり檀家

回お寺にも求められる「積極的な広報・コミュニケーション活動」

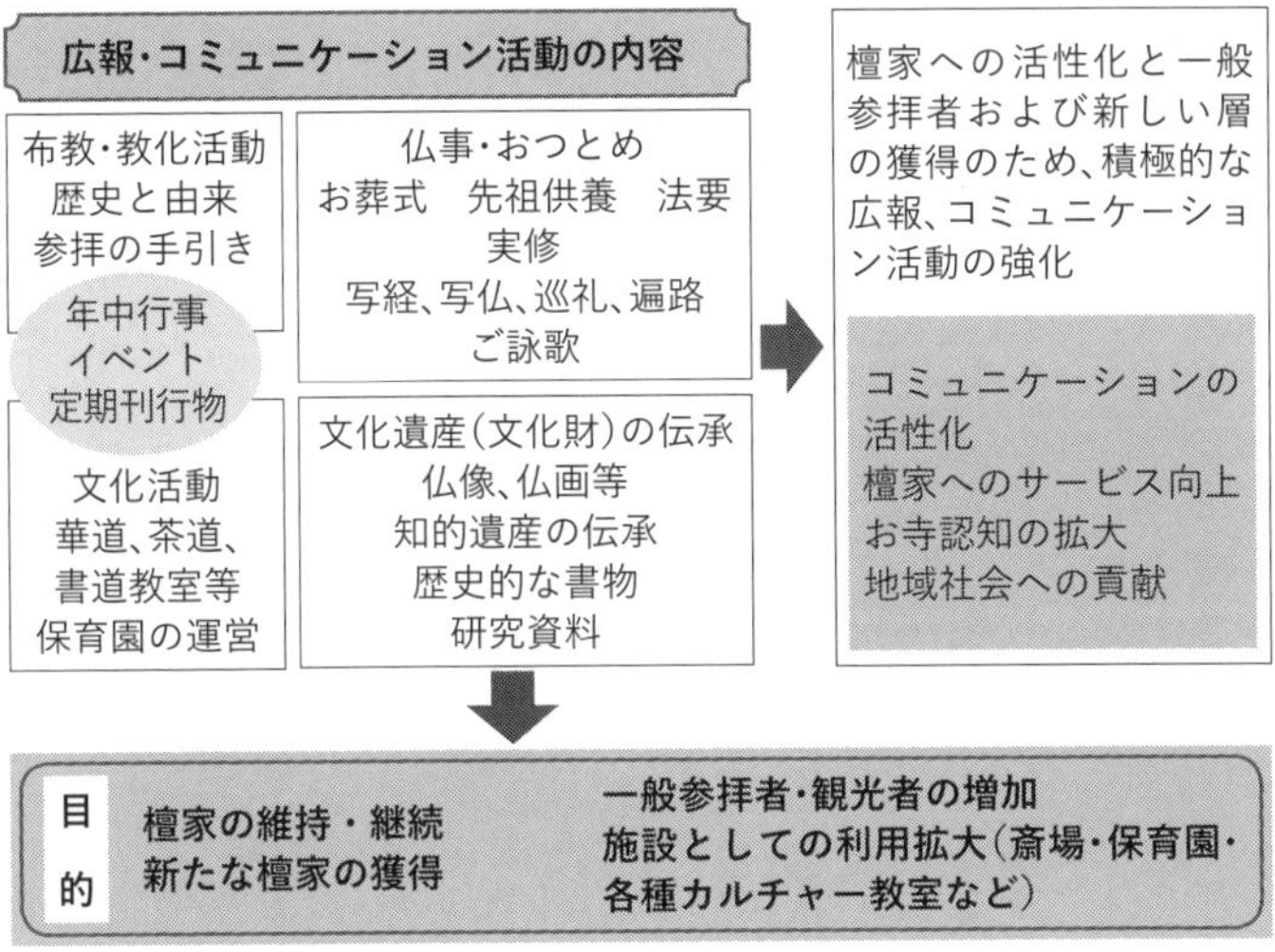

一〇〇軒のお寺なら、年間に多くて七件の葬儀を請け負うことになります。

一件について一五万円のお布施が出たとして一〇五万円。お葬式が年七件であれば、年忌法要はその九倍が目安とされており、六三件。一件につき、一万円と考えますと、一二六万円になります。

それらを合計すると、一〇五万円＋一二六万円＝二三一万円。さらに月参りのお布施を加算したとしても、年間収入は三〇〇万円がせいぜいです。

年収三〇〇万円では、親子三人の食費すらおぼつきません。

卍 世俗ゴトに要領を得ないお坊さん

兼職するにしても、お坊さんは世俗ゴトに要領を得ない人も多いです。貧乏とはいってもプライドが高いので、頭を下げて報酬をもらうことは大の苦手です。一般企業では通用しないせいか、大半の兼業のお坊さんは教職を選びます。お坊さん同様、尊敬されて、さらにお金がもらえる教職は、兼業人気ナンバーワンです。

昔、檀家の数が五〇軒程のヘンクツ坊さんがいました。そのお坊さんはどうしても世間となじめませんでした。見るに見かねて周りのお坊さんたちがお金を持っていったところ、ヘンクツ坊さんは「断食の修行をしているので結構です」と断りました。結局、そのお坊さんは栄養失調による衰弱死でこの世を去ってしまったのです。悲しい現実もあるのです。

2

お寺は責任の所在が不明確……

お寺には、一般の会社のように、誰がどのように責任を負うのかという規則はありません。経営上は良くないことです。

卍お寺は責任の所在があいまい

一般的に、企業のように利益を追求することのない団体で、法人格を持つものを非営利法人と呼んでいます。

非営利法人には、オーナーは存在しませんが、実質上、経営を担う人がいます。お寺のケースであれば、住職＝代表役員という役職の人たちです。

宗教法人法では、お寺に三人以上の責任役員を置くように指導しています。代表役員を除く残りの責任役員には、住職の家族や檀家総代（信者の代表者）といったお寺との関わりの深い人たちがなる場合が多いのです。

しかしながら、彼らは会社の代表取締役のように責任の所在が明確ではありません。

一般の会社では、株式を買い占めた大株主が取締役の交代を迫ったり、株主総会で役員の責任が追及されたりします。そうしたときに、誰かがいかに経営を任されて、結果に対してどう責任を負うのかという原則が、しっかりとでき上がっているのです。

しかしながら、非営利法人ではこのような規則が必ずしも明確ではありません。檀家があるからこそお寺は生活できるのですが、その檀家は単にお寺との取引関係者に過ぎず、ましてや出資者でもないのですから、役員＝お坊さんにコメントを発することはしても、お坊さんを解任する権限は持てないのです。

卍 宗教サービスをガバナンス流にいうと

法人が糸の切れた凧のような状態になったり、皆の食い物にされたりしないように法人の統治を行うことを、ガバナンスといいます。とりわけ、お寺のようなオーナーのいない非営利法人では、このガバナンス（統治）がきわめて大切です。

一般的に非営利法人としてのお寺のサービスには、ガバナンス流にいうと、ロックイン効果が満たされていることから、檀信徒の確約コストが非常に高いわけです。その他、お寺経営にも関係があるガバナンス用語としては、市場支配力、長期契約などがあります。

回 お寺経営に関係あるガバナンス（統治）用語

原　因	内　容	例
ロックイン効果	一旦契約を交わすと契約解除に多大なコストが生じる	宗教 特殊な人的資本
情報の非対称性	企業とパトロン間、あるいはパトロン同士で共有されていない情報があり、(一部の)パトロンが不利益を被る	医療 銀行
公共財	他のパトロンの機会主義的行動によりフリーライダー(費用を負担せずに便益を受ける人のこと)が発生する	宇宙開発 治安維持 セキュリティサービス
市場支配力	市場支配力を持つ企業と競争価格以上の価格で取引をすること	公益サービス
長期契約	市場価格変動などにより契約者に損得が発生する	保険契約

3 年収アップはアイデアと努力次第

どうすれば檀家に気持ちよくお金を出してもらえるのか。真剣に知恵を絞って考え抜くお寺だけが生き残るのです。

卍檀家から毎月、一定額の会費を徴収

なかには少しでもお金を手にしたいと考えるお坊さんもいます。

あるお坊さんの話ですが、数年前に一念発起し、それまで六〇〇万円だった年収を、この数年で三倍まで伸ばすことに成功したといいます。これはお坊さんの純収益だけでの数字です。

どのように年収を増加させたのでしょうか。

まずは、檀家から毎月、一定額の会費を集めることを始めました。一軒につき一〇〇〇円、これで黙っていても毎月三五万円、年間で四二〇万円の収入が確保されることになります。

卍毎月のお参りと年忌法要を追加

またそのお寺は、檀家へお参りに行く回数も増やしました。

すべての檀家に対してではなく、お布施を多く出してもらえそうな檀家を四〇軒くらいピックアップして、毎月お参りに行ったのです。

一軒につき一万円として、年間最低四〇〇万円程度の増収は見込めます。年忌法要についても積極的にお参りを増やしました。

年忌は一回忌をはじめとして三回忌、七回忌、十三……と全部で九回設けられていますが、一般的に行われるのはせいぜい二十七回忌までで、残りは省略されることが多いです。そこで、その省略している分についても、きちんと最後の五十回忌までやるように檀家に勧めるのです。年忌であれば一〇万円以上のお布施はかたいです。

年間二五軒は依頼が増えるとして、二五〇万円の上昇。

このようにして、『六〇〇万円＋四二〇万円＋六五〇万円＝一五〇〇万円以上』がこのお坊さんの手に入りました。もっと増収できるかは、檀家の胸三寸です。

ちなみに年忌法要の時期と種類は、主に以下のようなものです。

・月忌（毎月の命日）
・祥月命日（毎年の命日）
・年忌（一回忌、三回忌、七回忌、十三回忌、十七回忌、二十三回忌、三十三回忌、五十回忌）

・盆参（八月十三日、十四日、十五日）
・その他（墓の建立・改築時、仏壇の購入時、仏前結婚式など）

卍その気になれば一財産も可能

どのお寺にもたいがい数軒～一五軒のミニパトロンが存在します。信仰心の厚いお年寄りは「八万円は仏さまに、二万円はお坊さんに」などと毎月一〇万円のお布施をしてくれるのです。

宗教法人は、どんなに収入が増えても、法人の所得税は一律ゼロです。収入が大きければ大きいほど得をします。

さらに、水道代、電気代といった生活費は、半額経費で落とすことが可能です。坊さんがソノ気になれば、ひと財産、あっという間に稼ぐことができるわけです。

4 お寺の収支決算のしくみとは

宗教法人会計基準（案）で必要とされる決算書は、資金収支計算書、貸借対照表、資金剰余調整計算書、財産目録などです。

卍 収支決算の概要について

収支決算とは、一年間の宗教法人の活動を金銭面から表したものです。具体的な収支決算手続きは、以下の段階を踏んで行われます。

第一段階＝期末試算表および棚卸表の作成
第二段階＝決算整理仕訳と清算表の作成
第三段階＝元入記入の整理と締切り
第四段階＝仕訳帳の締切り（ただし、伝票の場合不要）
第五段階＝決算書の作成

ここで、宗教法人会計基準の決算書は次の通りとなります。

① 資金収支計算書（収支計算書）
② 貸借対照表
③ 資金剰余調整計算書

④剰余金処分計算書

⑤財産目録

宗教法人における決定書類である財産目録および収支計算書の他に、貸借対照表ぐらいは必ず作成しておくのが良いでしょう。収支計算書ができたら、規則にしたがって、責任役員会などの決算の承認が必要で、これらの書類は、五年間は保管しておくことが必要です。

収支決算というのは、収支予算管理簿、支出予算管理簿により作成されます。

回お寺の収支計算書（年度）の例

平成◯年度収支計算書

自 平成◯年4月1日　至 平成◯年3月31日

(収入の部)　(単位:円)

科目	予算額	決算額	差異
1 宗教活動収入	(7,200,000)	(8,600,000)	(△1,400,000)
宗教活動収入	5,000,000	6,000,000	△1,000,000
会費収入	1,000,000	1,200,000	△200,000
寄付金収入	300,000	500,000	△200,000
補助金収入	900,000	900,000	0
2 資産管理収入	(0)	(15,400)	(△15,400)
資産運用収入	0	15,400	△15,400
土地売却収入	0	0	0
3 雑収入	(0)	(0)	(0)
雑収入	0	0	0
4 繰入金収入	(100,000)	(100,000)	(0)
特別会計繰入金収入	100,000	100,000	0
5 貸付金回収収入	(100,000)	(200,000)	(△100,000)
貸付金回収収入	100,000	100,000	△100,000
6 借入金収入	(1,500,000)	(1,000,000)	(500,000)
借入金収入	1,500,000	1,000,000	500,0000
7 特別預金取崩収入	(0)	(0)	(0)
基本財産預金取崩収入	0	0	0
修繕積立預金取崩収入	0	0	0
8 預り金収入	(0)	(154,100)	(△154,100)
預り金収入	0	154,100	△154,100
当年度収入合計　(A)	8,900,000	10,069,500	△1,169,500
前年度末現金預金　(B)	361,500	361,500	0
収入合計(C)=(A)+(B)	9,261,500	10,431,000	△1,169,500

(支出の部)　宗教法人日本定借教

科目	予算額	決算額	差異
1 宗教活動支出	(3,000,000)	(3,440,000)	(△440,000)
(1)宗教活動費	(1,800,000)	(2,000,000)	(△200,000)
儀式行事費	200,000	150,000	50,000
教化布施費	1,100,00	900,00	200,000
信者接待費	100,000	156,000	△56,000
教師養成費	300,000	684,000	△384,000
寄付金	0	0	0
雑費	100,000	110,000	△10,000
(2)管理費(維持費)	(1,200,000)	(1,440,000)	(△240,000)
会議費	100,000	113,000	△13,000
事務費	200,000	215,000	△15,000
旅費交通費	200,000	174,000	26,000
負担金	60,000	60,000	0
諸会費	40,000	72,000	△32,000
修繕費	0	210,000	△210,000
火災保険料	300,000	301,000	△1,000
公租公課	250,000	234,000	16,000
雑費	50,000	61,000	△11,000
2 人件費	(3,600,000)	(3,600,000)	(0)
(1)給料手当	3,000,000	3,000,000	0
(2)福利厚生費	600,000	600,000	0
(3)退職金	0	0	0
3 繰入金支出	(0)	(0)	(0)
(1)特別会計繰入金支出	0	0	0
4 資産取得支出	(0)	(0)	(0)
(1)建物取得支出	0	0	0
5 貸付金支出	(0)	(300,000)	(△300,000)
(1)貸付金支出	0	300,000	△300,000
6 借入金償還支出	(0)	(115,000)	(△115,000)
(1)借入金返済支出	0	100,000	△100,000
(2)支払利息支出	0	15,400	△15,400
7 特別預金支出	(0)	(0)	(0)
(1)基本財産預金繰入	0	0	0
(2)修繕積立預金支出	0	0	0
8 預り金支出	(200,000)	(156,400)	(43,600)
預り金支出	200,000	156,000	43,600
9 予備費	(300,000)	(0)	(300,000)
当年度支出合計　(D)	7,100,000	7,611,800	△511,800
当年度末現金預金　(E)	574,000	574,000	0
支出合計(F)=(D)+(E)	7,674,000	8,185,800	△511,800

〈出処〉『宗教法人ハンドブック』実藤秀志・著、税務経理協会

5 きっかけは葬儀屋との出会いから

安心して任せられるお坊さんとの出会いは誰もが求めています。そのきっかけが、葬儀ということもあります。

卍お寺と檀家の関係が強い地域では

寺檀関係（お寺と檀家）の強い地域では、葬儀の主導権はお寺にあります。家族が亡くなると、遺族はまずお寺に連絡して、お坊さんに葬儀があることを伝えます。

要するに、葬儀の日取りはお坊さんの都合に合わせて決まるのです。檀家の信仰心が厚い場合、葬儀の際にお坊さんは、安心して宗派の規則にしたがって儀式を執り行うことができます。さらに読経後の法話サービスも行えます。

卍葬儀屋から仕事を回してもらう

昭和四〇年代半ばくらいから、お寺を持たずにアパートやマンションに住んで法事の手伝いを行うお坊さんが誕生しました。

この背景には、葬儀屋の台頭が挙げられます。人口変動の厳しい都会では、人が死んだらまず葬儀屋に連絡を入れるのが常識になっています。

そこでお寺を持たない（檀家を持たない）お坊さんたちが葬儀屋とパイプをつくって、むしろ葬儀屋から仕事を回してもらうといったアウトソーシングシステムが生まれました。日々仕事を請け負ううちに、ある程度の檀家数を獲得することに成功して、その後田舎に大きなお寺を建立するに至ったお坊さんも多くいます。

つまり、葬儀屋と組んだ新しいシステムが生まれているのです。

卍 葬儀屋はお坊さんの救世主

檀家制の崩れた都会や、檀家が少ないお寺にとって、葬儀を回してくれる葬儀屋は救世主にも近い存在です。このような葬儀屋とうまくお付き合いして小金を稼ぐお坊さんも多いです。たとえ仲介料と称してマージンを取られようが、葬儀の依頼がないよりははるかに収入が増えるのです。

ですから、お坊さんは葬儀屋が挨拶に来るよりも早くに、自分から連絡をとって、積極的にパイプをつくるのです。もちろん、相手は一社や二社ではなく、四社、七社、場合によっては一〇社と契約を結んで、どんどん葬儀をこなしていきます。葬儀を請け負えば、その遺族と以後の年忌法要の約束も取り付けることが可能ですし、ひいては檀家になってくれる家庭も出てくるかもしれません。

こうしたお寺にとって、葬儀屋の出現は、まさにお釈迦様の再来とさえ感じられたに違いありません。

6 お寺の後継者問題

世襲の長所短所

明治以降、お坊さんも妻帯が可能となり世襲制が定着しました。しかし単純に子供に引き継がせていいのかは議論の分かれるところです。

卍俗世間からお坊さんになる方法

一般社会からリタイアしてお坊さんになるときは、尊敬できるお坊さんを見つけて、お寺に弟子入りすることから始まります。しかし、すぐに弟子入りが許されることは滅多にありません。何日も日参する覚悟が必要です。

無事に弟子入りが許可されても、最初はお寺の会計や庶務を任されて、見習期間を置かれるケースが多くあります。それをクリアして、弟子入りが認められたら、所属宗派が登録されて、坊さんの本分を守る宣誓ののち、度牒《どちょう》という認定書がもらえます。

ここではじめて〝出家〟した資格が得られたことになります。出家が確定すると、師匠からお坊さんの名が与えられますが、その名前は戸籍から改めなければなりません。すぐに役所に出向いて、改名手続きをすることになります。

以後、本山での厳しい基本修行を経て、晴れてお寺に戻ります。そして有望と認められたら、副住職として後継者の道を歩くことになるのです。

卍世襲がお寺活動を閉塞させる⁉

お寺は、明治以降の妻帯によって、お坊さんの世襲が正式に可能となりました。

ただし、世襲制がお寺の活動を閉塞させるという側面も、その頃から指摘され始めました。一般社会からリタイアしてお坊さんの世界に飛び込んでくる人は、何かトラブルや苦悩を抱えてその解決のために入ってくるケースが多いので、修行に対する姿勢もかなり真剣です。それに比べて、お寺に生まれた世襲坊さんたちの根性ナシときたら、もう目も当てられません。このことが世襲制がお寺活動を停滞させるという指摘につながるのです。

仏教界の将来は、こうしたお坊さんの肩に乗っかっているというのも事実なのです。

卍お寺の住職の座を継ぐ儀式

住職の座が引き継がれる際には、檀家を招いて、晋山式《しんざんしき》というお披露目の儀式を開く習いがあります。これは寺の息子ではなく、他の後継者のお坊さんが住職に就くケースでも同様に行われます。

その後に、書院式《しょいんしき》、荼毘布式《だびぶしき》という祝いの式が営まれ、正式な後継者として認められるのです。

7 お寺も積極的にPRする時代

多くのお寺が、積極的な広告・コミュニケーション活動を始めています。檀家の活性化と参拝者・観光客の獲得が目的です。

卍お寺のロゴ入り作務衣で一杯

時宗のあるお坊さんは、いつでもどこへ行くときも、お寺のロゴ入り作務衣を着ています。飲み屋で一杯やるときも外食するときも、作務衣を手離しません。そうすることで不特定多数の人にお寺の存在をアピールできるとそのお坊さんはいいます。まさに走る広告塔、お寺の看板人間です。

お寺で待っているだけでは、人は来てくれないのです。お坊さん自ら積極的に外へ出て、人と出会うチャンスをつくり、そうした地味な努力を重ねることこそがお寺に来てもらうための最初の一歩なのです。

卍ネットで一般参拝者・観光客にPR

ある会社では、日本の仏教界に貢献するという主旨で、インターネットでの寺院検索などを通じて、宗派を超えた仏教のすばらしさ、お寺のすばらしさをアピールしています。

こうしたものは、インターネットを利用した寺院情報提供サービスですが、お寺がこうした会社と組んだり、自らホームページで情報を発信していくことも大切です。現代においてインターネットは、一般参拝者・観光客の増加のためのお寺のPRにもっとも有効な手段だとも思われます。

卍お寺の社会とのコミュニケーション

お寺の施設開放や行事などを通じて、地域社会に対する貢献活動なども積極的に進めましょう。積極的に教化活動を行ったり、文化活動として、華道、茶道、書道教室、保育園運営などを行うのもいいでしょう。それによって、現有檀家の維持・継続や、新規檀家の獲得、一般参拝者や観光客の増加などの効果が期待できます。

8 お寺の経営もパソコン導入へ

お金の問題や機械の扱いには疎かったお坊さんたちが、当たり前のようにパソコンで帳簿をつける時代がやってきました。そして今、さらなる時代の変化が訪れています。

卍お寺も不明瞭な収支は通じない

以前は、法事の帰りに居酒屋、料亭に寄って、いただいたお布施をそのまま飲み代にしてあっさり使い果たすようなお坊さんがいました。一体いくら入っているのか、お布施の中身を確認もしないで、豪快に飲食に使うというとんでもないお坊さんもいました。

しかし、一九五一年に宗教法人法が施行されてからは、そのような不明瞭な収支は税務署のお叱りを受けることになり、最近は、どんなお坊さんでも、抜き打ちの査察に備えて帳簿をつけています。「いつ、どこで、誰に、いくら」いただいたか、非常に細かい単位までしっかりとチェックするようになったのです。

卍帳簿もつけてみれば楽しいもの？

帳簿をつける作業は実に面倒でしたが、同時にお坊さんたちは、そこで新たな発見をすることになります。

帳簿を細かく見ていくと、これまで見えていなかったものが見え始めたのです。たとえば、どの檀家が年間にどのくらいのお布施をお寺に納めているのかが、ハッキリ確認できたわけです。

一度興味を持つと、お金のことだけになぜか夢中になります。このお宅はいくらぐらいだろうかとか、あのお宅はこんな少ししか入れていなかったんだ、といった具合に、一軒一軒を丹念にチェックするようになりました。そして、あまりにもケチな檀家に対しては、その後の態度も変わっていったのです。このことはいいこととは思いませんが、お坊さんも人の子。お坊さんなのになぜと責めるだけでは始まりません。

卍お坊さんをネットで宅配!?

ＩＴの時代と呼ばれるようになって久しい今日この頃ですが、二〇一五年の冬、驚くべきニュースが飛び込んできました。なんと、大手通販サービス会社のアマゾンが、お坊さんの宅配サービスを始めたというのです。主要法要だと三万五〇〇〇円、法事法要の手配と戒名授与のセットだと六万五〇〇〇円、定額の「お坊さん便」です。七つの宗派、四〇〇名ほどの僧侶が手配に基づいて宅配されるそうで、寺院との付き合いがない人や、費用の相場がわからない人からの需要が高まっているようです。ネットで葬儀の注文を手配できるサービス自体は、数年前から存在していましたが、今回、大手のアマゾンが介入したことで、その存在が一気に人々に知れ渡ることとなり、大きな話題を呼んでいます。

お坊さんの手配までの流れは実にシンプルで、希望者はまず、通常の買い物と同じように、アマゾンのサイトで「お坊さん便のチケット」を注文します。すると、詳しい要件についてメールで確認が行われ、お坊さんの情報が記載された書面（チケット）が郵送されます。あとはその内容に沿ってお坊さんが派遣されるのです。もちろん派遣前には、直接お坊さんと電話などで詳しい打ち合わせも行います。

実際に「お坊さん便」を利用した人の感想もネットなどで閲覧することができますが、やはり定額であることに安心感を覚えた人が多いようです。菩提寺を持たない人、菩提寺が遠方である人も、これらのサービスを便利だと評価しています。

実は、今回のような動きは、以前にもありました。二〇一〇年、大手流通のイオンが、「お坊さん紹介サービス」をスタートし、お布施の目安をホームページ上で公開したのです。しかし、本来、お布施とは寄付であり、金額を提示するものではありません。全日本仏教会からは、「企業による宗教行為への介入である」との反発があり、結局、イオンはホームページからそれらの記述を削除しています。

全日本仏教会は今回、アマゾンに対しても「宗教行為をサービスとして商品にしている」と批判の声明を発表していますが、ネット上では「時代に合ったサービスだ」「法外な料金をとられることがなくていい」など、好意的な意見が多く寄せられています。また、同時に「既得権益が脅かされるのを恐れているだけ」など、仏教界への批判の声も高まっています。

さらに気になるのは、都心を中心に仕事が減っていることもあって、このサービスに期待しているお坊さんが数多く存在するということです。実際、「お坊さん便」が出品された当初、利用者からの問い合わせ以上に多かったのは、登録したいというお坊さんからの問い合わせだったといいます。

これらの問題にもやはり、仏教界が葬儀やお布施の本来の意味を伝えることを怠り、人々の仏教離れが進んできたという背景があります。全日本仏教会の声明も、「お寺は相談しにくいという声を真摯に受け止め、社会のニーズに耳を傾け、寺院運営に反映していかなければならない」と締めくくられています。

まだまだ賛否両論で結論の出ていない問題ですが、これらの動きがお坊さんたちの今後に大きな波紋を投げかけることは間違いないでしょう。あらゆる意味で考えさせられる出来事です。

9 お寺の副業ってどんなものがあるの？

副業として多いのが学校法人で、とりわけ幼稚園経営です。また霊園墓地、老人ホーム、駐車場などもあります。

卍お寺の基本的な収入源

お寺の経営を支えるベーシックな財源は、檀家に割り当てられるお寺の護持（法施《ほうせ》としてお寺が法事のお勤めや法話をすること）の負担金や、葬祭や法要におけるお布施など、継続的に関係を維持する者から得られる収入です。

その他、副業に精を出すお寺もあります。副業は宗教活動とは異なるものだと課税の対象となります。二二%の軽減税率です。副業としての収入は、大きくいって、法務（葬儀・仏事などお寺の法要）に関わるものと、世俗的なものに分けられます。

卍法務に関わる副業

法務に関わるものには、諸祈願、加持祈祷、人生相談、先祖・水子供養、ペットの供養、お礼・お守り、おみくじの販売などがあります。これらは税金の対象ではありません。

また、お寺の関連施設を活用した墓地造営や観光は、世俗的な趣きもありますが無税です。石材店と組んで境内を墓地として売れば、一度に墓地管理と法要の仕事が生じます。

卍世俗的な副業

税金対象の世俗的な領域での収入源には、教師・講師や、アパート・駐車場などの不動産賃貸、幼稚園・保育園等の教育施設の経営があります。

江戸時代、そば屋はお寺の代表的な副業でした。そういえば、深大寺《じんだいじ》そばもあります。現代もそば屋に○○庵という名が多いのはその名残です。当時はお坊さんが店頭でそばを打ち、お客の気を引いたようです。

他にも副業として、CD販売、写真集・本の発売、環境整備事業、旅館業、料理店、製造業、倉庫業などがあります。

卍お寺の観光化

歴史情緒を醸し出すお寺は、国や自治体にとって重要な刊行資源です。

様々な旅行案内書（パンフレット）には、お寺サイドの思惑とは無関係に、観光名所としての由来や見所スポットが紹介されています。行政サイドも、そうしたお寺の観光利用を推進していく意向を持っています。

なかには商業主義や静寂の喪失を嫌ってか、お寺の観光化を拒否するお坊さんもいますが、商売っ気のあるお坊さんは拝観料をとって、境内や建物内に売店を構え、土産物を販売するなどして、観光化に積極的です。

第8章　お寺にまつわる雑学あれこれ

1 教典は解釈の違いから次々に誕生した

大般若経は全部で六〇〇巻もある大教典。後利益は相当ですが、三日間徹夜しても読み切れないほどの分量です。

卍仏教の経典は膨大

仏教の経典は、八万四〇〇〇の法門といわれるほどで、膨大な分量になります。実際にどのくらいの数があるのか、予測もつきません。

お釈迦様自身が文字で書き残すことをしなかったため、後世の弟子たちが記憶をたどりながらまとめたわけですが、その教えの解釈の違いから、次々に新しい経典が誕生しました。それが、経典が膨大な量にふくれ上がった原因です。ちなみに経典を大きく分けると次の三種類に分類できます。

①釈迦の説法を記した経
②仏弟子として守るべき戒律
③教理の研究書

一般的に経典と呼ばれるものは、①の釈迦の説法を記した経のことです。

回主な仏教経典

初期大乗経典 紀元前後～一世紀	般若経《はんにゃきょう》	正しくは大般若波羅蜜多経《だいはんにゃはらみたきょう》といい、清浄の心で生きるための知恵を集めたもの。六〇〇の項目が一巻ずつまとめられている。
	維摩経《ゆいまきょう》	初期大乗仏典《だいじょうぶってん》の傑作で、菩薩の化身で最高の在家信者といわれる維摩居士による空の問答集。
	華厳経《けごんきょう》	正しくは、大方広佛華厳経《だいほうこうぶつけごんきょう》で、世界のすべてのものは相関をなしているが、一つの宇宙として融合しているという一乗思想を説く仏教哲学でも最高の哲学。
	無量寿経《むりょうじゅきょう》	浄土宗、浄土真宗の経典の一つ。浄土三部経の中で最も長い。釈迦の誓願の成就が書かれている。
	観無量寿経《かんむりょうじゅきょう》	罪悪の凡夫でも、南無阿弥陀仏の念仏を唱えることにより救われ、極楽に往生できることを説く経典。
中期大乗経典 三世紀～四世紀	解深密経《げじんみっきょう》	諸法に三種の相があると説いて唯識説の根拠となる経典。
	如来蔵経《にょらいぞうきょう》	あらゆる存在が如来の種子を宿すことを説いた経典。
	涅槃経《ねはんきょう》	釈迦の入滅《にゅうめつ》の日の儀式を説明した経典で、すべての衆生に仏性が宿るという言葉がある。
後期大乗経典 七世紀～八世紀	金剛頂経《こんごうちょうきょう》	真言密教の根本経典で、金剛界曼荼羅のもとになっている経典。
	理趣経《りしゅきょう》	真言密教の根本的立場である即身成仏の思想を説いた経典。

卍六〇〇巻もある大般若経

いくつかの宗派が大法要の際に読経する、「大般若経」という経典があります。その数は膨大で、全部で六〇〇巻を転読（経典を頭上に掲げ流れるように読む）して、般若経の空《くう》の教えを体得し、すべての苦厄《くやく》を消し去ろうとするのです。

大般若経をもし全部読み上げるとしたら、三日間徹夜しても終わらないぐらいの量です。しかしながら、心臓というべき大事な経典ですので、重い儀式の際には、この経典を用いないわけにはいきません。

卍六〇〇巻を読破するために……

私がある人から聞いた話をします。

とあるお坊さんが、六〇〇巻の読経を何

とかしようとしました。そのお坊さんは実際に読み上げるのをあきらめて、一応全巻、仏壇に向かってパラパラめくり、それで読んだことにしようと決めたのです。

しかし、ただパラパラめくるにしても、なんせ六〇〇巻もあるので、一人のお坊さんがやっていたのでは時間がかかって仕方がありません。そこで、一五人のお坊さんで一度にめくることを考えたそうです。お櫃から次々に経典を出してはパタパタやって、一巻終えれば次の経典をまたパタパタと……。それを高僧たちが十五人も顔をそろえて大真面目にやっているのです。そこまでして六〇〇巻を読破する必要があるのでしょうか。単なる笑い話のようで、なんだか考えさせられる出来事です。

2

手や指によるメッセージ
――印相・合掌

仏像は手と指の位置が、仏の意思を伝えるメッセージとなります。また合掌は相手を敬う心の表われです。

卍手や指のあしらいには意味がある

お寺にある仏像は当然のこと、口を聞きません。ですから表情もさることながら、手や指の形が仏の意思を伝えてくれています。これを印相《いんそう》と呼んでいます。

インドの民族舞踊では手の動き、指のあしらいに重要な意味があって、それぞれ決まった意味を持っています。それを仏像づくりにも取り入れたのです。この印相は手話のルーツになったともいわれています。

卍印相の種類は様々

お寺で坐禅するときの両手の組み方は、両手の指を全部のばし、善を表わす右手で悪の左手を押さえます。または、静の右手で動の左手を押さえます。これは思惟《しい》の相を表現していて、禅定印とか、「法界定印《ほっかいじょういん》」と呼びます。

左手で法衣を握り、右手は大地に触れる印相を「降魔印《ごうまいん》」といいます。これは悟りをさ

回 様々な印相

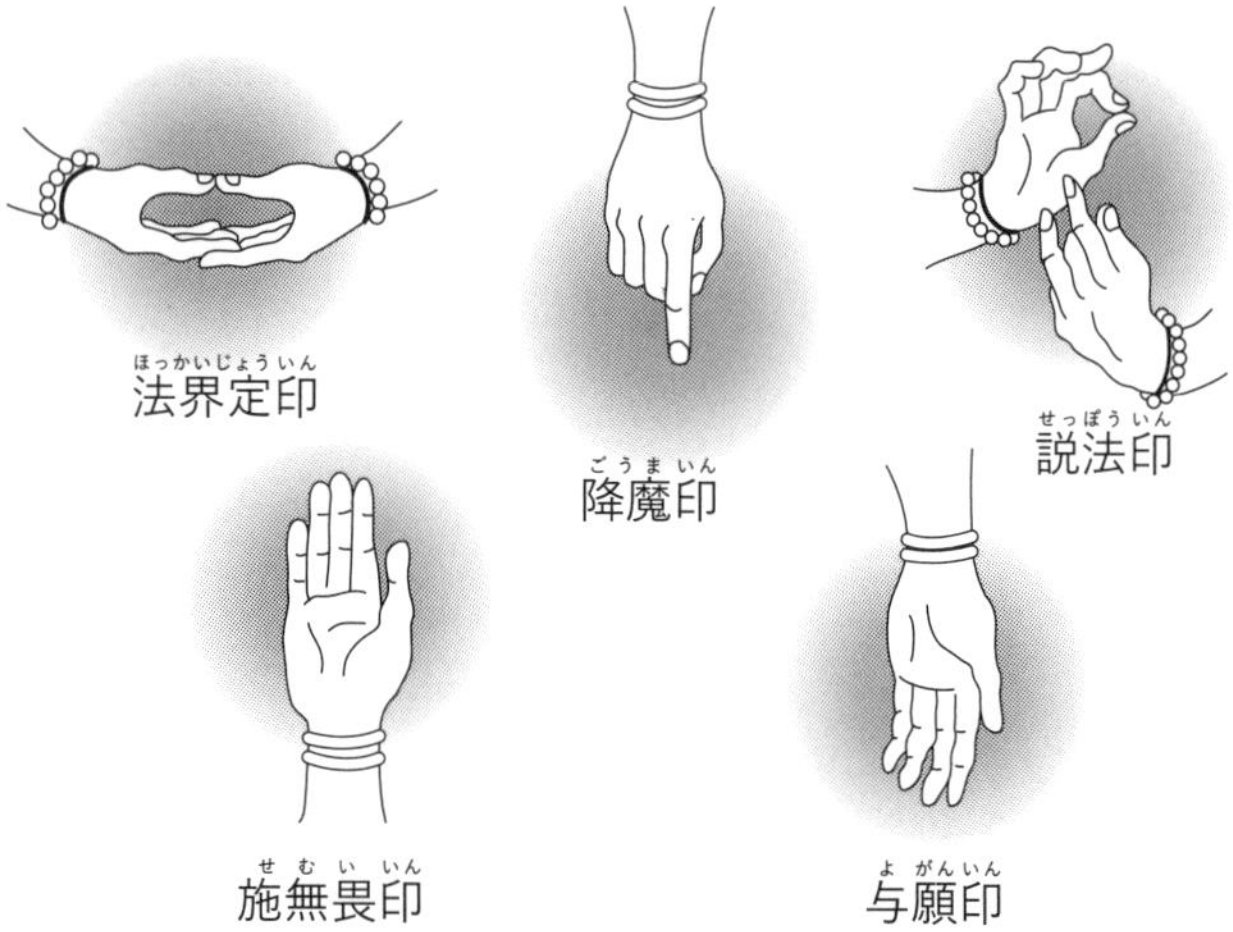

またげる妄想に対して、自分の意思が堅固で誘惑に負けないよう大地の神に念じている姿です。

　また、「説法印《せっぽういん》」という印相は、悟りを得たあと弟子たちに法を説く姿で、その両手は胸前でジェスチャーよろしく語りかけています。

　釈迦の基本的な印相を「施無畏印《せむいいん》」（右手）・「与願印《よがんいん》」（左手）といいます。これは右手は相手の肩を叩きながら心配するなと慰め、左手は何かを与えているような手つきです。

卍なじみ深い合掌

　お寺で葬儀や法事、または初詣のとき、私たちは仏前で手を合わせ、頭を垂れます。これは古くからインドで行われていた礼法で、仏教と同時に日本へ伝えられました。

合掌は、自分の胸の前で手と手をピタリと合わせて、指と指も左右ピタリと合わせる姿です。左右相対した二つの手が、一つに融合した調和の世界を表わしているといいます。

合掌する姿は相手を敬う心の表われでもあり、また、お願いごとをするようなときには、自分の気持ちを合掌した手に込めることもよくあります。

右手と左手をピタリと合わせることとは、不浄な自分の心をきれいな仏の心に合わせ、自分の心を、敬う相手の心と一致させることでもあるのです。不浄なるものと神聖なるものが合一したところに人間の真実なる姿がある、という考えの表われでもあります。

3 お寺に必ずある仏像の不思議

お寺にあるものというと、仏像にお経に賽銭箱。人々は、知らず知らずのうちに仏像を拝んでしまうものです。

卍仏像は勝手につくれない

お寺に行って堂内を見渡すと、その中心には本尊といわれる仏像が置いてあります。その姿や形式にも様々あります。

仏像には、仏の姿を具現するために色々な制作上の規定があり、それは儀軌《ぎき》と呼ばれています。儀軌とは、経典の説く仏の姿をなぞらえたものです。同じ尊名であればほぼ同じ形式をとるのは、そのような理由からです。

卍決まったときにしか見られない仏像

お寺には、何がなくても仏像は必ずあります。とはいっても、いつでも仏像を拝めるわけではありません。

なかには秘仏《ひぶつ》といって、厨子《ずし》の中に納められていて、数年に一回、なかには何百年に一回などと決められた開帳や開扉でしか拝することのできない仏像もあるのです。

回 時の経緯（三世）で見た仏像

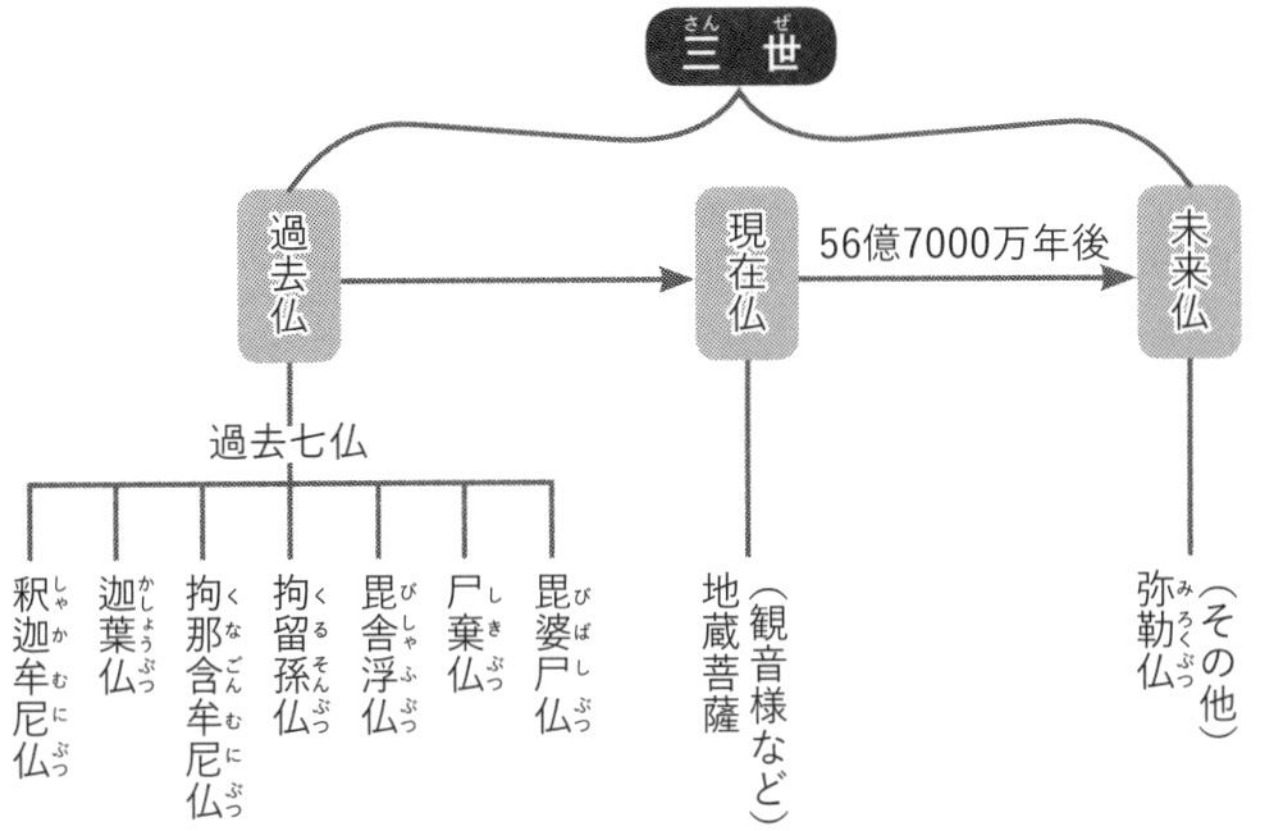

これは密教の影響で、平安時代以降から行われるようになったといわれています。

明治になってフェノロサの開帳によって美術的価値が認められた、法隆寺夢殿観音、東寺御影堂、東大寺三月堂の執金剛神などが著名です。

卍 釈迦の教えの拠りどころの御本尊

釈迦の教えの何を拠りどころとするかによって、それぞれの宗派ごとに御本尊が決まっています。

たとえば、真言宗では大日如来、禅宗では釈迦如来です。

本来、仏像は、仏教の開祖である釈迦《しゃか》牟尼《むに》像にだけ限られていましたが、仏教が思想的に発展をとげるうちに、釈迦の悟りは一人偶然に生まれたものではなく、過去からの積み重ねがあったから生まれた、という過去仏《かこぶつ》という考えのもとにあみ出されたものなのです。

過去七仏《かこしちぶつ》と称している仏様や、未来仏《みらいぶつ》という、釈迦が死んでから五六億七〇〇〇万年後に出現するという弥勒。また、十方仏《じっぽうぶつ》という、あらゆる場所に仏が存在するという考えから生まれた仏像などのような理想仏なども含めて、仏像の種類は増えました。

さらに鎌倉時代に生まれた新宗派では、宗派の開祖の像なども仏像の範中に入ります。仏教の諸尊像を仏像と称しているわけですが、仏陀の像以外は、本来は仏教像と呼ぶべきでしょう。

4 お坊さんになるための学校

著名な仏教系大学以外に、無試験の専門学校があります。その卒業研修は相当厳しいものです。

卍仏教系の大学

お坊さんになるためには、高校または大学で坊主の専門課程をマスターし、その後、認定試験を受けてそれにパスする必要があります。

日本で仏教学科を備える大学は、全国に十数校あります。一番古いのは、八四一年に空海が開いた真言宗系の綜芸種智院《しゅげいしゅちいん》（現・種智院大学）です。

宗派ごとにそれぞれ設けている大学は次の通りです。

■臨済宗系
花園大学、四天王寺大学短期大学部、正眼短期大学、大正大学、高田短期大学など

■浄土宗系
佛教大学、京都文教短期大学、淑徳大学、華頂短期大学、埼玉工業大学、東海学園大学短期大学部など

■浄土真宗系

大谷大学、龍谷大学、同朋大学、九州龍谷短期大学、相愛大学、京都女子大学、筑紫女学園大学、東九州短期大学、武蔵野大学、岐阜聖徳学園大学、京都光華女子大学など

■曹洞宗

駒沢大学、四天王寺国際仏教大学、駒沢女子大学、駒沢女子短期大学、東北福祉大学、愛知学院大学など

■真言宗系

種智院大学、高野山大学、宝仙学園短期大学、大阪千代田短期大学、京都嵯峨芸術大学など

■日蓮宗系

立正大学、文教大学、日本福祉大学、身延山大学、東京立正短期大学など

お坊さん養成のために各宗派が設立した専門の大学は、一般の学生にも入学窓口が開放されているため、競争率はかなり高くなっています。

就学者の人口比率をみると、お寺の子は全体の二割に過ぎません。お坊さんの専門大学

であるにもかかわらず、一般学生のほうが多いという妙な現実がここにあります。

卍子弟の救済のための専門学校

不本意ながら大学受験に落ちたお坊さんの子弟を救済するために、各宗派では、無試験で合格できる専門学校を設けています。これは全国に十数校置かれています。たとえば浄土真宗であれば、大阪教育福祉専門学校があります。他には、全寮制で一年間、必要単位をパスすれば、堂々と住職の資格が得られる専門学校もあります。

いずれの宗派にしても、学科自体のレベルはそれほど高くなく、問題は卒業間近に行われる研修行体験です。

とりわけ、真言・天台などの密教系の行は、身も心もまさに命がけといえます。たとえ学科の成績が良くても、この行を突破しない限りは住職の資格はもらえません。

あるときは氷点下二〇度の厳冬の中で池に入って般若心経を唱え、またあるときは数十メートル上から流れ落ちてくる滝の水に打たれたりします。また、行期間中の食事は質素なもので、朝はお粥、昼に飯一杯といった状況です。この行で思い切り怒鳴られて、やっと住職の資格がもらえるのです。

5 有名なあの人もお坊さんだった

これから紹介する四人に共通するのは、いかにして生死の境を乗り越え、現実の生活に対峙したのかにあります。

卍信玄の名前の由来は出家から

戦国武将の武田信玄の信玄という名は、永禄二年（一五五九）に三四歳で、臨済宗の坊さんとして主家した際に、ある禅僧から命名された僧名です。

信玄は仏教を理解し、宗旨を問わず、お寺やお坊さんを崇敬し、保護していました。とくに禅に惚れ込んでいたようです。なかでも臨済宗の関山派に深く帰依し、京都や鎌倉五山にならって甲府五山を定めたほどです。

織田信長に攻められた際に、有名な遺偈《いかつ》として「心頭滅却すれば火も自ずから涼し」という言葉を残した、快川《かいせん》和尚とも親交を深めていました。

卍厳しい禅修行をした上杉謙信

信玄と川中島で五度も雌雄を決した上杉謙信も、幼少の頃、一四歳までの七年間は厳しい禅修行に打ち込んでいました。それが、兄の名代《みょうだい》として、静かな禅林生活から戦国動乱の渦中へと否応なく引っ張り出されたという経緯があります。

上杉謙信は、人間形成の根幹をつくる時期を仏門で厳しく鍛えられたせいか、人一倍神仏を敬う念が強く、春日山城の北側に毘沙門天（戦の神様）を築き、深く崇敬しました。

もし、本来の僧門生活を送っていたなら、おそらく当代きっての名僧知識になりえたでしょう。

卍 一休と稲盛和夫氏

あの頓智《とんち》で有名な一休も、優れた禅僧の一人です。

一休は風狂の禅者として知られ、数々の非道を犯し、風狂の振る舞いを重ねても、時代を越えて人々を魅了しています。

それは、一休の基底に常に大らかで清浄な世界が広がり、菩提（煩悩を断って悟りえた無上の境）の大慈悲心があふれていたからに他なりません。

現世で出家している著名な人物としては、京セラの名誉会長の稲盛和夫氏がいます。稲盛氏の発心《ほっしん》（菩提心を起こすこと）は、生まれたときより少しでも善き心、美しい心になって死んでいくこと、とあります。

その大目的の前では、この世で築いた財産、名誉、地位などはいかほどの意味もなく、事業が成功しようが、一生かかって使い切れないほどの富を築こうが、関係ありません。心を高めていくことの大切さに比べれば、一切は塵芥《じんかい》のごとき些細なものと本人は語っています。

6 お坊さんの権力はどれくらいなの？

宗教が政治権力と結びつくことは歴史上、多くありました。後白河法皇、天海僧正、沢庵などが有名です。

卍 後白河法皇

ここでは歴史上で権力をふるったお坊さんを見ていきましょう。

後白河法皇は、藤原氏、平家、源氏の三つの一族を手玉にとった権力者です。これらの三つの一族の裏で、後白河法皇は睨みを効かせていたのです。

とくに平清盛の死後は、後白河法皇の一人舞台でした。

平家を滅亡させた源義経でさえ、法皇のうまい話に乗せられて源頼朝に反抗し、自滅していきます。源頼朝は、法皇のことを「日本一の大天狗《だいてんぐ》」とののしっています。

鎌倉幕府を開いた頼朝は、法皇の生存中は、征夷大将軍にはなれず、死後、ようやくなれました。法皇とは出家した上皇（天皇の譲位後の尊称）のことで、天皇の中でも最大の実力を持った天皇の一人であるといえます。

卍天海僧正・金地院崇伝・沢庵

天海僧正は天台宗のお坊さんで、陸奥国で生まれ、比叡山や園城寺で修行しました。関ヶ原の合戦後、勝利した徳川家康の帰依を受けて、江戸幕府の宗教行政に参画しました。

二代将軍の秀忠のときに、家康の遺骸を日光山に改葬し、さらに江戸の鬼門鎮護の目的で、上野に東山寛永寺を建立しました。そこに位置する上忍《しょうにん》は、琵琶湖に見立てられ、弁天島が置かれました。

三代家光のときは、目黒不動をはじめ、五色不動を指定するなど、さらにその権勢を振《ふる》い、黒衣《こくえ》の宰相《さいしょう》と呼ばれました。

また同じ時代に、臨済宗のお坊さんである金地院崇伝《こんちいんすうでん》も幕政に関与し、寺院法度や公家諸法度の制定に関与するなど、実力者として活躍していました。

大阪城攻撃の端緒となった方広寺大仏の鐘銘問題は、崇伝の考えから出たものといわれています。

ただ一般には不評を買い、「大御山気根院僭上寺悪国師《だいござんきこんいんかいじょうじあくこくし》」とあだ名され、「天魔外道」と酷評されましたが、江戸初期の幕政に辣腕《らつわん》をふるい、黒衣の宰相にふさわしいものがありました。

一方、沢庵《たくあん》という臨済宗のお坊さんも、三代将軍の家光の敬愛を受けていました。品川に東海寺が建立された際、開山（お寺を創始すること）に迎えられたほどです。それまでの「野僧に徹すべし」の生き方を捨てた沢庵は、自らを権力者にこびるつなぎ猿と軽蔑し、自分自身をあざ笑う晩年でした。

7 なぜか人気の修行体験ツアー

不安定な時代には、行の厳しい密教が脚光を浴び、一般参加を募った修行の体験ツアーが花盛りです。

卍 宗派別の修行の違い

行（修行）を行う修行道場は、仏教各宗派ごとに設けられています。たとえば、天台宗なら比叡山、浄土真宗なら東西の本願寺の中、禅宗であれば各地区のポイント寺院といった具合です。修行にもそれぞれ特色があります。

修行中は一定期間、その中に閉じ込められて、世俗事は一切シャットアウトです。新聞、テレビ、ラジオ、雑誌、面会もすべて禁止です。この行をクリアするとその都度、認定証（終了書）が授与されます。

卍 人気上々の二泊三日の体験コース

最近では、一般参加を募って行う行の体験ツアーが人気を博しています。たとえば二泊三日の一〇〇〇日行体験コースなどは、即定員オーバーというほどです。これは比叡山の山中を二日間かけて六〇キロ踏破する行です。夜の山道を懐中電灯一つで歩き続けるのはかなりキツイですが、意外なことに、ほとんどの参加者が、マメだらけの足を引きずりながらも踏破するそうです。

参加者の評判は上々で、これに便乗して各地の小さい寺院でも観光の一環として、こうした修行体験ツアーを開催するところが増えてきたようです。

卍ツアーの参加者気質とは

昔であれば、このような行に参加するのは、臑《すね》に傷のある人たちと相場が決まっていました。自殺未遂で助かった女性であったり、出所したての殺人犯であったりと、かなり深刻な、人にいえない悩みを抱えて訪れる人が多かったのです。

しかし昨今では、ハイキング気分で応募する若者が増えています。悩みのないのが悩みといった脳天気な人が、四輪駆動の車に乗ってアウトドア感覚でやってくるのです。

彼らは行者の着物に着替えた途端、そこかしこで記念撮影を始め、スタートの号令すら耳に入らない様子です。それでも終点まで辿りつくのですから、ある意味大したものです。

しかし、何度参加しても欲を捨て切れない現職のお坊さんも多い中、一度の参加で悟ったなどというのはありえない話です。お釈迦様ですら、悟りを開くまで六年もかかったのですから。

参加者の思惑がどうであれ、参加費用は五〜八万円。山くらいしか観光資源を持たない田舎の貧乏寺にとっては、ありがたいお布施なのです。

8 お墓参りもパソコン画面で？

今、サイバーストーンというバーチャル（仮想現実）墓が、若者から中年まで幅広い支持を得ています。

卍バーチャル墓の出現

最近は、葬儀や法事に関して、とても斬新な発想が台頭しつつあります。その一つに、コンピュータを利用したバーチャル（仮想現実）墓というものがあります。

バーチャル墓とは次のようなものです。

インターネット上でバーチャル墓にアクセスすると、まずお寺の山門が登場してきます。さらにそれをクリックすると、次の画面上には〈△□家之墓〉と記された墓石のイラストが出てきます。パソコンの画面上には、供花やお線香が描かれていて、それぞれをクリックして墓前にお供えします。そうすると、今度はスピーカーから読経の声が流れてくるのです。

そのときに、パソコンの画面に向かって合掌すれば（手を合わせれば）良いのです。バーチャル墓のパソコン画面には、生前の写真、声、動画、家族紹介、趣味、履歴、遺言などといった故人の人となりを表わした項目があり、それらをクリックすると、故人の思い出を偲ぶこともできます。

卍バーチャル墓は今後が期待される

バーチャル墓は、墓地に埋葬したものの遠隔地に墓地があるために、なかなか墓参りにいけない人や、実際に墓地・墓石を持てない人の需要もあります。これは、現代のあまりにひどいともいえる日本のお墓事情に対応した新しいアイデアとして、これから大いに注目され、進化していくことでしょう。

実際、「サイバーストーン」というバーチャル墓は、すでに、若者から中年までのコンピュータ世代から多くの支持を集めています。

入会金は一〇万円、年会費が一万円というから、安くはありませんが、新規に墓地を借りて墓石を建立するよりはお手頃です。

一回忌、七回忌、十三回忌……と長々と続く年忌法要も、このサイバーストーンのような新しいスタイルのお墓があれば、それこそ自分一人でもできるのです。

たとえ、お坊さんがいようがいまいが、大切なのはその人の気持ちですから、これで十分と考える人もいるでしょう。このことはお寺にとっては深刻な問題になっていくかもしれません。

9 ペットの葬儀が静かなブームに

大切なペットが亡くなった際、人間と同じように葬儀を行い、お墓、戒名まで与える人は、今や珍しくありません。

卍ペットにも葬儀・お墓・戒名の時代

ペットの葬儀やお墓が静かなブームです。家族同様、深い絆で結ばれたペットたちとの悲しい別れのとき、その霊安に関しての一切を取り仕切る会社が増えてきました。

ペットを専門にした霊園や葬儀社も多く作られ、お寺によっては、ペット用の読経というのもしてくれます。さらに、ペットに戒名を与える動きもあります。ペットも家族の一員ですから、人間と同じように、死後に戒名つまり贈り名をつけようとしているのです。

また、ペットの遺骨加工サービスや、散骨をしてくれるところもあります。

卍ペットの葬儀

昨今、ペットを人間と同じに扱う状況も出てきましたが、注意が必要なのは、心情的にはどうあれ、法的には、ペットと人間はまったく異なるということです。法的にはペットはあくまでも器物、つまり「もの」と見なされますので、葬儀における扱いは、ある意味、人間の時よりも難しいといえるかもしれません。

ペットの葬儀には、主に三種類があります。

一つは、他のペットたちと合同での火葬後に行われる「合同葬」。個別で火葬され、収骨される「個別葬」。そして飼い主も火葬に臨むことができる、「立ち会い葬」です。また、火葬の料金は、ペットの体重によって決まります。訪問火葬車による出張火葬を行うケースもあります。

中には、亡くなったペットに対する飼い主の愛情につけこんで儲けようと企む悪徳業者も存在するので、充分に注意が必要です。

卍 初めて戒名をつけたお坊さんの話

ペットの戒名にまつわる興味深いお話をしましょう。

お坊さんになって月日の浅い、とある副住職がいました。その副住職は、檀家のお参りをするときにも、常に住職のお坊さんと一緒に通っていました。

ある日、檀家の通夜を終了して戻ってきた住職が、高熱を出して寝込んでしまいました。そこで、その新米副住職が、葬儀に出席することになったのです。

住職はセキ込む身体にムチ打って書き上げた戒名を、副住職に渡し、こう伝えました。

「明日、これを仏壇に飾って欲しい。それとは別に、その故人に、一〇日程前に死んだペットの戒名も依頼されていた。それは副住職である君が考えて欲しい」と。つまり住職は、ペットの戒名を考える役目を、その副住職に託したのです。

ペットとはいっても、戒名を考えるのは、副住職にとって初めてのことです。しかも、大盤振る舞いの檀家だったので、ペットには院号を希望されていました。つまり、人間並みの本格的な戒名を考える必要がありました。

副住職は悩み抜いて、やっとのことで風格のある名を考え出し、葬儀を迎えました。葬儀は葬儀屋のおかげでスムーズに進行し、読経も無事終えて、布施を懐に副住職は戻ってきました。

しかし、この後とんでもないことが発覚したのです。

初七日のときに、身体の調子の良くなった住職が、その檀家を参ったときのことです。仏壇を見て、住職は仰天しました。なんと住職が付けた戒名がペットの遺影の前に飾られ、肝心の故人の遺影の前には、副住職が考えたペットの戒名が置かれているではありませんか。住職の頭の中はパニック状態です。もう読経どころではありません。

結局、過ちを告白できずに今日に至っているとのことです。

10 日本一・世界一のお寺を知りたい

日本最大のお寺は東大寺です。また、世界最大の仏教遺跡はボロブドゥール寺院です。

卍日本一のお寺・東大寺

日本には、何々で一番というお寺がいくつもあります。

たとえば日本で一番小さいのは三重塔で、開花寺にあります。大樹寺にあるのは、日本で一番の大椿です。

そして、日本で一番大きなお寺は、東大寺です。世界一大きい木造建造物でもあります。

東大寺のはじまりは、七二八年、聖武天皇の皇太子、基王《きおう》の菩提を追修するために建てられた金鐘山寺《きんしょうせんじ》にまでさかのぼります。

この金鐘山寺において、七四〇年に日本で初めて、華厳経（大乗仏教の一つの経典）の講話が始められました。その主催者の良弁《りょうべん》は、後に東大寺初代別当となりました。

この講義は、新羅で華厳宗の教えを学んだ大安寺の審祥《しんしょう》を講師に招き、ブッダバドラという人が中国語に訳した六十華厳《ろくじゅうけごん》という六〇巻本の華厳経をテキストにしました。

七四一年には、聖武天皇により、国分寺・国分尼寺建立の詔《みことのり》が発せられ、全国に国府を中心として僧寺と尼寺が置かれました。そのとき、金鐘山寺は東大寺になったのです。

大仏殿を中心とする東大寺の七堂伽藍の造営は、七八九年の造東大寺司（東大寺を造営するための役所）の廃止まで続けられ、ようやく一応の完成を見ることができました。

卍ボロブドゥール寺院

より広範囲に、世界を見てみるとどうでしょう。日本一に対して、様々な世界一のお寺も当然たくさんあります。

たとえば、世界で一番大きい寺院はバチカンのサンピエトロ寺院ですし、世界で一番古い木造建築物は日本の法隆寺です。

そんな世界一のお寺の一つ、世界最大の仏教遺跡であるボロブドゥール寺院は、ジャワ島（インドネシア）のほぼ中央に位置します。

ジョグジャの街から車を飛ばすと突如前方に視界を遮る黒ずんだ山が現れますが、これが一二〇メートル四方高さ四二メートルといった巨大な石の山、ボロブドゥールです。ボロブドゥール寺院は、九世紀の火山の大噴火により火山灰土に埋もれ、一九世紀にオランダ人によって再発見・発掘された巨大な遺跡寺院です。この大きさは、日本の寺院ではとてもかないません。

11 由緒ある世界三大仏教遺跡

バガン、アンコールワット、そしてボロブドゥールは、世界三大仏教遺跡として有名です。

卍世界には多種多様なお寺がある

仏教は世界的には六〇余宗派あり、仏教徒は世界に約四億人いるといわれています。世界には多種多様なお寺があるだけに、お寺の形や大きさも様々です。バガン、アンコールワット、ボロブドゥールは仏教の三大遺跡寺院とされています。ボロブドゥールについては前項で述べましたので、ここではバガンとアンコールワットについてお話ししたいと思います。

卍ミャンマー随一の史跡のバガン

バガンというのは、かつては、数十万ものパゴダというお寺があったといわれる仏教都市です。ミャンマーのニャンウーという場所にあります。現在も荒涼とした平原に隆盛時の面影を偲ばせるような壮大な遺跡群が残されています。

とくに、多くの参拝客で賑わうシュエズィゴオンパゴダは、バガンにおける信仰の中心地です。

卍アジアで最大級のアンコールワット

アンコールワットは東南アジアで最大級の石造伽藍《がらん》であり、世界屈指の大寺院です。カンボジアのシェムリアップにあります。

アンコールの地にはクメール人と呼ばれる人々が住んでいました。彼らは今はカンボジアの主要民族でカンボジア人ともいいます。

クメールの人々は、その地に初めてお寺と都城を造営してから三百数十年後にアンコールワットをつくり上げましたが、その間には、幾多の試行錯誤がありました。そうした過程を経て、アンコールワットの建立が実現したのです。

アンコールワットは、周囲を環濠《かんごう》（幅約一九〇メートル）に囲まれており、全体の面積は約二〇〇ヘクタール、つまり東京ドーム一五個分にも及びます。

アンコールワットとは、クメール語で、寺院によってつくられた町という意味で、アンコール朝の一八代目のヌールヤヴァルマン二世（治世一一一三〜一一五〇）が、三〇数年かかって建立しました。

このお寺は、西向きに建てられていて、西参道入口から五基の塔堂の本殿までは五四〇メートルあり、石畳の参道には砂岩が敷き詰められています。参道の両サイドにナーガという蛇神の胴体でつくられた欄干《らんかん》が続いています。

第9章　お坊さんの現状とこれから

1 お金がお坊さんを変えるって本当⁉

お坊さんも人の子です。一度大金を手にしてその旨味を知ってしまったお坊さんは、どこまでも堕落してしまいます。

卍金持ちになったお坊さんの行状

檀家にとって困りはてたお坊さんの一例を紹介しましょう。

ある過疎地のお坊さんが、数年前、兼業の不動産経営でひと山当てて、非常に金回りが良くなりました。それ以後は、今までの慎ましやかな生活がウソのように、車を外車に買い替え、隣町には若い愛妾《めかけ》を囲い、月に何回かは東京に出向いて銀座のクラブで飲み明かすといった優雅な生活に没頭してしまいました。

そんなある日のことです。そろそろ本堂も建て替えようと思い立ったそのお坊さんは早速、工事に着手しました。

檀家に対しては、「寺の改築資金は寺で全額負担します。檀家諸氏には一切寄付金の援助を頼むつもりはありませんから、安心していただいて結構です」との通達を出しました。

檀家方にしてみれば好都合な話です。自分たちのお寺がリニューアルされる上、一銭も負担しなくて良いのですから。

しかし、そのお寺と数百年来お付き合いを重ねてきた田舎の檀家たちには、自分たちの寄付金でお寺を支えてきたという自負もありました。

正直なところ、お金はあまり出したくないですが、勝手に修復工事を始められるほどお寺が資産を握ってしまったとなると、いささか不満でもあるのです。

それでも坊さんが全額負担するというのですから、とりあえずは任せるしかないと、一応、檀家たちは納得しました。

ところが、問題はそんなことにはとどまらなかったのです。

あるとき檀家の代表である総代が工事現場を訪れてみると、その建物の感じがまったくお寺らしくありません。派手なだけで気品、威厳に欠けた前衛的なイメージに感じられました。

そこで総代が、お坊さんに向かってその旨を伝えたのですが、なんとそのお坊さんは、「このお寺の改築資金はすべて自分で出しているので、寄付を一銭もしていない人間に文句などいわれる筋はない、ここは私の寺だ」といい放ったのです。

これには総代も仰天します。貧乏寺だった頃は、謙虚であったお坊さんのこの豹変ぶり。新しく建立されたお寺は成金趣味以外の何モノでもなかったそうです。

このように、お金が寺檀関係を壊したという話は世の中にまだまだあるはずです。

2 フリーのお坊さんが安泰な理由とは

色即是空、空即是色……といったお経を空で読みさえすれば、お坊さんとしては安泰間違いなし。一生食いっぱぐれがないのです。

卍退職後にお坊さんになってアルバイト

最近、一般企業を定年退職した後に、お坊さんになる素養、要するにお坊さんとしての立居振舞いと主要なお経の暗記などを得る人がいます。資格を取得後に、お寺を持つとなると大変ですが、読経のお手伝い程度に従事するには非常にメリットが大きいというわけです。

たとえば、葬儀屋と契約を結んで、月に何件かの葬儀のお手伝いに出向くと一件につき五～一〇万円、あるいは、それ以上の収益が得られます。

仕事の内容は、二〇～三〇分の読経です。しかも、メインのお坊さんの脇で一緒に唱えるだけです。これで一〇万円です。そういうお坊さんを養成している機関、お寺もあります。

卍プー太郎坊さんのしぶとさ

都心では、お寺を持たない、フリーのお坊さんが葬儀屋の間で引っ張りダコになっているようです。

とくに、東京においては、お坊さん不足がかなり深刻ですから、下手にお寺を構えているお坊さんより、こうしたフットワークの軽い、フリーのお坊さんのほうが、葬儀屋にとって使いやすいのです。地方にもお寺を持たずにブラブラしているお坊さんがいます。

彼らのことはプー太郎坊さんと呼んだほうがいいかもしれません。

お坊さんとは名ばかりで、身につけたボロボロの袈裟だけが唯一の証です。すでに修行もやる気もなく、のんべんダラリと暮らしています。

彼らは、葬式回りで生計を立てています。当然依頼されて行くのではなく、どこかで葬式をしていると聞けば、ひょっこりと顔を出して勝手に上がりこんで、読経に参加しているのです。

一度読経に加われば、遺族としてもお布施を出さないわけにはいきません。いくら袈裟が汚いといっても、お布施の額面を削るのもはばかられます。他の坊さんと同額程度は、しっかりと懐に収めて帰っていくのです。

卍 貧乏寺のお坊さんも読経アルバイト

こうしたケースは、プー太郎坊さんだけでなく、貧乏寺の住職が行っている場合も多いのです。

檀家が少なくて収入が不足。しかし、兼業する器量もないため、葬儀に直接出向いて、お布施をいただくというものです。兼業する度量はなくても、人々のひんしゅくに屈しない図太さはあるようです。お経を覚えて、袈裟を着る強みをうまく利用すれば、お坊さんは安泰といえるかもしれません。

3 占いブームに浮かれるお坊さんたち

厄落としは道教系がルーツです。占いは、祟りを恐れる日本人の気質にぴったりはまり、またたく間に広がりました。

卍 厳格な宗派が占いに意外にも乗り気

もともと、日本の厄落とし的なまじないは、中国から伝来した道教系の陰陽道《おんみょうどう》がルーツといわれています。

奈良～平安時代に、天皇が病気になったときに、「天皇の平癒《へいゆ》を祈って」と、比叡山で厄落としの祈祷が行われていたとの記録があります。

浄土真宗では一切、易学的な儀式は行っていません。そうしたことに関心を示しがちな浄土真宗が、こうした流行事に乗じなかったのは不思議といえば不思議です。現在でも浄土真宗は占いを否定し続けています。

ともあれ現在、占いを教義の一つとして積極的に取り入れているのは、真言密教や平安仏教等の旧仏教系列といった宗派です。

こうした非常に修行の厳しい厳格な宗派が、占いブームにのって、星占いや厄落としはもとより、手相鑑定、血液型占いまで始めたのだから驚きです。とても意外でした。

卍厄年はお坊さんの大ヒット商品

占いごとの根本には、祟りを恐れてしまう日本人の気質が関係しています。その証拠に、今、お寺が行っている易（現世利益）の大半は、お祓いの必要性を前面に打ち出しています。身体を患うのも、災難にあうのも、不幸だと感じるのも、すべては先祖の祟りだから除霊をしましょう、という考えです。

さらにお寺の境内には、交通安全祈願や合格祈願などの厄除けのお札が売られています。厄年と呼ばれるものは、お坊さんが考案した大ヒット商品といえます。

ちなみに、呪術信仰の由来は、日本の神道の呪術と先祖崇拝の死者儀礼が結び付いて、現在の形に成立したといわれてます。

卍厄年に踊らされるのも考えもの

厄年が、厄災に見舞われやすい年齢という認識は、すでに一般社会に浸透しています。実際、その年齢に身体を患う人が多いのも事実です。

しかしながら、これは先祖の祟りなどとは一切関係ありません。厄年の年齢を見れば、ちょうど人間の肉体の成長過程または衰弱過程の分岐点と一致するのがわかります。

ただ自分の年齢の節目節目に健康や人生に留意するのは大切なことです。厄年は、そうしたきっかけの一つとして意識するのが一番いいでしょう。

4 お坊さんのこれから

現状、多くのお坊さんが出家の本分を忘れています。自身も出家している私だからこそ、初心忘るべからずと強くいいたいのです。

卍 情報が閉鎖的ですっきりしない

宗教というものが、多くの人にとって非日常なものであるだけに、その内実、または本来あるべき姿といったことについて、人々の無知がまかり通っています。

お坊さんたちに悪気がないにしても、そうした無知につけ込んだ商売のようなことが行われているのも事実です。一般企業とはおよそ性質が違うため、完全な情報開示（ディスクロージャー）が必要だとは思いませんが、葬儀や法事を願う側の人間としては、どこかすっきりしないあきらめのような気持ちがあるのは間違いありません。

卍 お坊さんの使命・責任とは

宗教者としては、少なくとも日常生活の中で、世のため、人のために尽くすような活動に時間を割くのが本当ではないでしょうか。特に、檀家が何か困っているときや悩んでいるときに、率先して相談に乗るくらいのことはして当然です。

もともとは、宗教の何たるかや、信仰のあり方、祖先に感謝する気持ちの大切さを教えるなど、宗教者にしかできないことに積極的に取り組むのが、お坊さんの使命・責任だったはずです。釈迦が説いたお坊さんのあるべき姿とは、結婚妻帯に象徴される世俗的な欲を一切断ち切って、そうしたことに懸命に取り組むものだったはずです。

現代では、結婚妻帯しているばかりでなく、そのような宗教的活動をまったくせずに、高級外車を乗り回したり遊蕩《ゆうとう》にふけっているお坊さんもいるというのは、あまりにひどいことです。

卍 内村鑑三いわく乞食根性なり

少なくとも、人さまの不幸をメシのタネにしている以上は、お坊さんはそれ相応の償いをすべきでしょう。

キリスト教の熱心な信仰者であり、従来のキリスト教の伝統だった教会主義に対して、無教会主義を主張した内村鑑三も、次のように述べています。

「富者よりは金を貰わんと欲し、権者（権力者）よりは権（権力）を藉らんと欲し、識者よりは知識を貰わんと欲し、信仰家よりは信仰を貰わんと欲す。貰わんと欲す。貰わんと欲す。坊主根性とは、乞食根性なり」

「忌むべく、避くべく、斥《しりぞ》くべきは、誠にこの坊主根性なり」

お坊さんには、内村鑑三のこの言葉をしかと受け止めてほしいものです。

卍現代のお坊さんに喝!

真実を見いだして人生を見直す――本来、仏教はそれを私たちに教え導くものです。仏教では、自然を離れた衆生(人間をはじめとするあらゆる生物という概念)はありえないものとし、究極においては、草木国土悉戒成仏《そうもくこくどしっかいじょうぶつ》(草も木も国土も、ことごとくみな仏となる)というように、無生物と生物との区別すら否定しています。

しかしながら、多くの仏教教団のお坊さんたちは、地位と名誉と欲と色に溺れ、葬儀や法事、年中行事の単なる進行係と化しています。

世を捨てる出家どころか、一部の本物のお坊さんを除いては、一般大衆以上に私利私欲の亡者となり果て、いかにして無知蒙昧《むちもうまい》な人々からお金をもらうのかばかりを考えています。

これはさすがにいい過ぎのようですが、案外真実を突いているのではと私には思えます。

卍これからのお寺に期待

今こそあらゆるお寺が、一般大衆を仏の道にどのように導くのか、自分自身を見つめて、それらの活動に真摯に取り組む時期なのではないでしょうか。

大寺院以外の多くの葬式仏教寺院も、しまいには、葬儀すら頼まれなくなる可能性があるのです。ただでさえ高くつく葬儀費用の無駄な出費を押さえ、納得できない戒名をつけられないよう、人々の考えは変わりつつあります。

形式だけで金額ばかりが膨れ上がる葬儀より、自治体葬や友人葬など、納得のいく新しい葬儀を指向する人は、今後ますます増えていくでしょう。

戒名だってそうです。本来、戒名というのは、仏弟子になるということで生前につけるのが正しいのですが、「生前に仏弟子ではなかったので、死後に修行に励んで下さい」という意味でつけるのが死後戒名です。現在は金額などによって明らかに差がついていますが、戒名とは本来、誰しもに平等なものであるはずなのです。その矛盾に、これから人々が気付かないはずはありません。

もともと、お寺の存在価値は、あらゆる人の救済を考えるところにあります。しかし、現代人の社会生活や精神がいかに荒廃していようとも、仏教側からは何も聞こえてきません。法話にしても、生活に密着しない当たり前のことをいったところで、いくらそれが正しくても無意味で、人々の心には響きません。

しかし、そんな時代だからこそ、お寺の役割は大きいはずです。私も在野の坊主です。自戒の意味も込めて、ぜひとも、お寺の再起に期待したいものです。

あとがき――仏教を実践するために

今日、日本における仏教は、天台宗、真言宗、臨済宗、曹洞宗、浄土宗、日蓮宗など、一三の宗派に分かれています。この一三の宗派というのは、仏陀と人間の関係、そして死後に天国を求める立場と、現在生きているところを天国として認識する立場、これらについての一三の解釈論であり、その目的の実現方法として、三昧に入るために「声明」と「沈黙」の二つがあるわけです。

声明というと、浄土宗の場合、阿弥陀仏の名号を一心不乱に唱えます。南無阿弥陀仏では舌を噛みますから「ナムアミ……」と省略して、繰り返し繰り返し、「念仏三昧」に入るのです。これが極楽へのパスポートでもあり、浄土宗の開祖である法然は、一日に百万遍唱えたといいます。

また、日蓮宗の声明は、法華経を心の拠り所として、法華経を信仰するというスローガンから「南無妙法蓮華経」という題目を唱えて、「題目三昧」に入ります。

同じ声明でも、両者には違いがあり、「ナムアミ……」は語尾のイントネーションが下がり、「南無妙法蓮華経」では上がっています。この声明を続けますと、心理的に念仏の方は心が穏やかになり、題目の方は躍動的になります。その影響からか、法然のような念仏の修行者の人相は目尻が下がり、とても柔和です。一方、日蓮のような題目の修行者は目尻が上がって、とても凛としています。

本来、修行というものは、このように人相が変わるまでやらなければいけません。これは宗教家だけの話ではありません。たとえば、芸術家には芸術家の顔があるように、どの分野においても、それぞれの顔というものがあるのです。

心になんとなくストレスがたまって落ち込んでいる時は「南無妙法蓮華経」を試み、落ち着きがなくイライラしている時には「南無阿弥陀仏」を唱えれば良いでしょう。すると自然に心の平衡を保つことができます。薬のような副作用もありませんので、読者諸氏はぜひとも実践されるとよろしいかと思います。

これらの声明の修行に対して、沈黙の修行が坐禅です。坐禅とは、仏陀と同じように「禅定三昧」に入って見性し、仏陀と同じ心の動きを体験する立場です。

それでは、坐禅の方法を簡単に紹介しておきましょう。坐禅の基本は、身体を調え呼吸を調え、心を調えることです。

まず、身体を調えます。そのためには、日頃から飲食を調節し、食事は少なめくらいを心がけましょう。もちろん酒や煙草はやめます。睡眠については、取りすぎても不足してもいけません。

そして、いわゆる坐禅スタイルで、富士山をイメージしてください。この時の目の置きどころですが、目を閉じると眠くなったり余計な物事を考えたりするので、半眼で一メートルほど前方の下を見ます。ちょうど半眼というのは、光線が夕暮れのように薄明かりの状態となります。これが、一番心が落ち着く条件でもあります。よく、重病人のために、病室内をカーテンで薄暗くしますが、これは、明るすぎると刺激が強すぎ、暗すぎると不安や恐怖心を生むためです。つまり、薄明かりの状態が、最も患者に負担がかからない適切な明るさなのです。

次に呼吸ですが、健康な人は、一分間に一五回程度の呼吸をします。坐禅をすると、それが一〇回、さらに五回と、呼吸の間隔が長くなっていきます。吸う時は、宇宙を腹の中に納めるように、吐く時は、自己が宇宙の中に溶け込むような気持ちで、自然な呼吸をすれば良いのです。私はこれを、スポイトの原理とも言っています。

呼吸という言葉が示すように、まず「呼」すなわち「吐く」ことを主にして、「吸う」ことを従にします。割合でいえば、吐くのが二、吸うのが一です。つまり、吸う息の二倍の長さの息を吐くのです。また、吸う時は、必ず鼻で吸うようにしましょう。

息を吐いた時は、体の重心が下降し、おへその下あたりに力がこもり、おへその上あたりが引っ込みます。逆に息を吸った時は、重心が上昇し、おへそのあたりが膨らみます。おへその下あたりは、吐いた時も吸ったときも不動となります。このおへその下あたりのことを、いのちを生み出す田んぼという意味で「丹田」と呼び、この呼吸法を、「腹式丹田呼吸法」といいます。坐禅には、このような呼吸法がとても大切です。

坐禅は思索ではなく、判断思考停止です。心を白紙にして、ゼロになるためのレッスンです。

たとえば、濁った水をコップに入れると、下の方に汚物が沈殿して上の方が透明になります。いわばその透明体の水の世界が、仏の心であり、神の心でもあります。その心に立ち帰るのが、坐禅の世界なのです。

坐禅は哲学的にいえば、主観と客観とが一つになるということです。私が坐禅するのではない、坐禅が坐禅をするのだ、ということです。デカルトは「我思う故に我あり」と言いましたが、禅は「我思わず故に我なし」の立場にあります。

心理学的には、人間の心の中は、いつも神と悪魔との葛藤です。しかし、正しい坐禅を行うことで、人の心は、ジェット機が成層圏を通過した時のような、雲一つない清々しい状態に達することができるのです。生理学的にいえば、身体が軽くなり、頭の中がスッキりした状態です。頭寒足熱という言葉があるように、これは健康のためにも非常に良い状態であることがお分かりいただけるでしょう。

本書の読者諸氏にも、ぜひこれらを実践し、心身をより良い状態へと高めていただければと思います。

また、本書は『イラスト図解　お寺のしくみ　仕事から寺経営、お坊さんの日常まで』（２００５、日本実業出版社）に大幅な加筆修正を加えたものです。本書の刊行に際して、牧野出版の佐久間憲一社長、張山恵美様、三浦かれん様に貴重なアドバイスとご協力をいただきました。明確なるご助言なくして、本書を上梓することはできなかったでしょう。この場を借りて、深く御礼申し上げます。

参考文献

『せとぎわの仏教』全国青少年教化協議会・編　鎌倉新書　２００５
『「葬式に坊主は不要」と釈迦は言った』北川紘洋・著　はまの出版　１９９８
『宗教法人ハンドブック』実藤秀志・著　税務経理協会　２００８
『面白いほどよくわかる仏教のすべて』金岡秀友・監修　日本文芸社　２００１
『日本仏教宗派事典』斎藤昭俊　成瀬良徳・著　新人物来社　１９８８
『日本仏教十三宗ここが違う』大法輪閣編集部・編　大法輪閣　１９９８
『ご臨終です』大林智詳・著　小学館　１９９５
『お寺の経済学』中島隆信・著　東洋経済新報社　２００５
『日本仏教がわかる本』服部祖承・著　大法輪閣　２００５
『臨済宗の常識』井上暉堂・著　朱鷺書房　２００５
『仏教ビジネスのからくり』井上暉堂・著　朝日新聞出版　２０１０

その他、多数の文献を参考にさせていただきました。御礼申し上げます。

★ 著者ホームページ「禅の森」

http://zenkidou.jimdo.com

こちらのホームページでは、禅についての解説の他に、出張座禅やペット供養、自分史の作成に関する問い合わせなども受け付けております。

より深く禅の世界を知りたい方は、是非アクセスしてみてください。

★「暉堂　禅男　禅女の会」

年会費5000円。法人会員費20万円。会員には、暉堂が修行僧名をお付けします。また、人生の諸の相談に直接お応えします。その他、会員特典もございます。今後、港町ヨコハマを拠点に色々な催事、会報誌・機関紙の発行なども企画中。詳しくは上記ホームページにも記載がございます。また、外国人の方(英語、ドイツ語、フランス語、中国語、韓国語)にもZENメディーション、ZAZENメディーションで対応させていただきます。

ご興味のある方は、是非下記の電話番号かメールアドレスからお問い合わせください。

★禅の普及のためお布施をお願いします。

お布施口座:三井住友銀行 横浜中央支店 普通預金口座 522516
禅の森　井上憲一(井上憲一は井上暉堂の俗名です)

―――いずれもお問い合わせ先は以下の通りです―――

電　話:090-5770-5483　　携　帯:070-6472-1116

メール:kidoukoikoi@gmail.com

住　所:〒231-0023
横浜市中区山下町80-3 ディアタワー405

井上暉堂（いのうえ・きどう）

1957年、神奈川県横浜市生まれ。仏教経済ジャーナリスト。ZENマスター。慶應義塾志木高等学校一年時に休学して、建仁寺専門道場で雲水修行。慶應義塾大学卒業。大学時代、プロボクサー、代議士秘書を経験。その後、新聞記者、雑誌編集者を経た後、アメリカでロッキー青木の秘書としてビジネスをサポートする。日本に戻り、会社経営に従事するかたわら、慶應ビジネススクールでMBAを取得。2002年、10代から足を踏み入れた禅道を極め、臨済宗・小池心叟老師より、法号「暉堂」を拝命。「井上暉堂」名義で著書多数。現在、ZEN仏教・自己啓発を含むビジネス・コーディネーターとしても活動中。

誰《だれ》も教《おし》えてくれなかったお寺《てら》のしくみ

2016年 2月 12日発行

著　者　井上暉堂
発行人　佐久間憲一
発行所　株式会社牧野出版
〒135-0053
東京都江東区辰巳1-4-11　STビル辰巳別館5F
電話 03-6457-0801
ファックス（ご注文） 03-3522-0802
http://www.makinopb.com

印刷・製本　中央精版印刷株式会社

内容に関するお問い合わせ、ご感想は下記のアドレスにお送りください。
dokusha@makinopb.com
乱丁・落丁本は、ご面倒ですが小社宛にお送りください。
送料小社負担でお取り替えいたします。

ISBN 978-4-89500-203-5